平台营销

处方药零售终端销售理论与实务

PINGTAI YINGXIAO
CHUFANGYAO LINGSHOU ZHONGDUAN
XIAOSHOU LILUN YU SHIWU

王庆刚　刘先彬　编著

★ 时下，那些市场的霸主们正在忙些什么？构建平台！

★ 企业营销新观念：三流的企业做产品，二流的企业做服务，一流的企业做平台。

★ 企业要想获得成功，必须拥有两个战略资产：让人欲罢不能的产品和有效平台。

中山大學出版社
SUN YAT-SEN UNIVERSITY PRESS
·广州·

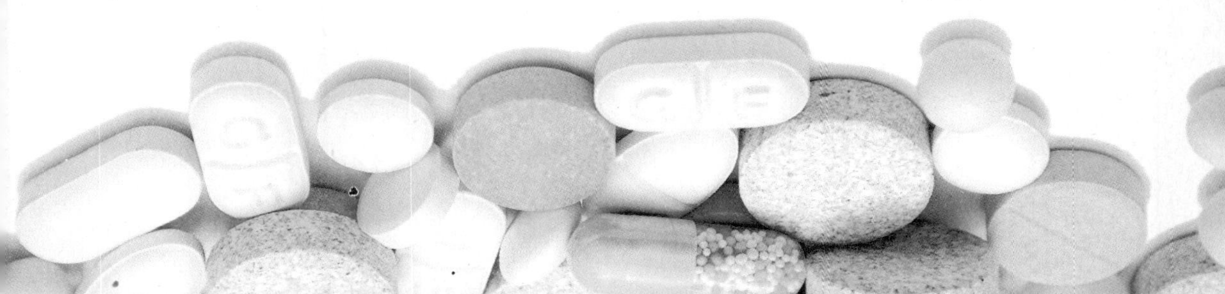

图书在版编目（CIP）数据

平台营销：处方药零售终端销售理论与实务／王庆刚，刘先彬编著．—广州：中山大学出版社，2014.6
ISBN 978－7－306－04923－0

Ⅰ．①平…　Ⅱ．①王…　②刘…　Ⅲ．①药品—零售　Ⅳ．①F763

中国版本图书馆 CIP 数据核字（2014）第 114590 号

出 版 人：徐　劲
策划编辑：李　文
责任编辑：李　文
封面设计：曾　斌
责任校对：杨文泉
责任技编：黄少伟
出版发行：中山大学出版社
电　　话：编辑部 020－84111996，84111997，84113349，84110779
　　　　　发行部 020－84111998，84111981，84111160
地　　址：广州市新港西路 135 号
邮　　编：510275　　传　真：020－84036565
网　　址：http：//www.zsup.com.cn　　E-mail：zdcbs@mail.sysu.edu.cn
印 刷 者：广州家联印刷有限公司
规　　格：787mm×1092mm　1/16　15 印张　236 千字
版次印次：2014 年 6 月第 1 版　2014 年 6 月第 1 次印刷
印　　数：1－6000 册　　定　价：50.00 元

内容简介

本书是我国第一部系统地研究平台营销特别是处方药零售终端平台营销的专著。

平台是新经济时代最重要的产业组织形式。我国对平台经济的研究尚未真正起步，对平台营销特别是处方药零售终端平台销售理论与实务的研究还是空白，需要探索和解决的问题还很多。譬如，什么是平台？如何打造平台？如何科学准确地定义平台营销？在零售终端，处方药企业如何利用好平台并使之产生最大化的社会效益和经济效益？……这些都是我国处方药企业零售终端平台营销亟待解决的问题。

本书全面梳理和诠释了处方药企业零售终端平台营销的最新理论、实用方法和经典案例，既具有较强的理论性和实操性，又具有一定的史料和研究价值。

本书适合医药行业经营管理人员、市场营销人员、医药营销策划人员以及药店从业人员阅读，也是高校和研究机构重要的参考书。

序

平台营销：现代商战的制胜法宝

■ 张文周

《平台营销——处方药零售终端销售理论与实务》就要付梓了。该书是一部系统地研究平台营销及处方药零售终端平台销售理论与实务的专著。它的出版和发行，无论是对零售药店处方药的管理和促进处方药企业的发展，还是对保障人民群众用药安全有效，都是一件有意义的事情。

当前，平台不仅广泛存在，而且在现代经济体系中的重要性越来越突出，成为新经济时代的重要经济体。近年来，越来越多的具有“平台经济”特征的企业不断地创造着成功的传奇，从门户网站、网络游戏、各种电子商务到网上社区、第三方支付等不断创新，平台企业演化出平台产业，平台经济发展迅猛。作为平台经济重要组成部分的平台营销，也正在引起产业经济学和产业组织理论界的高度关注。

随着生产力的提升和物质生活的极大丰富，人们的需求也日益多样化，而不同的需求将由不同的平台来满足。在这种情况下，平台之间的竞争将变得更加激烈。对于医药企业这个特殊的群体来说，这既是一个挑战，也是一个机遇。

众所周知，受到政策、市场及企业自身诸多因素的影响，近年来，我国的医药企业特别是处方药生产企业正在面临众多挑战。一方面，在新医改环境下，企业间的并购重组加剧，医药行业将迎来新一轮的“大洗牌”；另一方面，面对政策利好释放出的巨大“蓝海”市场，不少企业已开始在大健康产业上谋篇布局；与此同时，因处方药新一轮招标采购的影响，越来越多的处方药企业开始转战零售终端市场。如此种种，使医药企业不得不改变原有的营销习惯，进行营销模式的创新。将产品、服务、技术和收益模式结合起来，在复杂的商业生态系统中构建出一个庞大的平台，业已成为现代商战的制胜法宝。

事实上，医药企业于无声无息中，早已被卷入了各种社会组织、联盟、博览会、互联网等的平台营销争霸战。

平台作为新经济时代最重要的产业组织形式，最近几年才得到国外学者的重视。而我国对平台经济的研究尚未真正起步，对平台营销特别是处方药零售终端平台销售理论与实务的研究还是空白，需要探索和解决的问题还很多。譬如，什么是平台？如何打造平台？如何科学准确地定义平台营销？在零售终端，处方药企业如何利用好平台并使之产生最大化的社会效益和经济效益？这些问题看似简单，却是难以圆满回答的。对此，本书作者进行了积极的思索与探讨，从这一角度上讲，本书的出版很有意义。

我们希望，本书能让更多的人重视平台营销，共同探讨处方药零售终端平台销售中的深层次问题，让更多的医药企业在平台营销方面做得更好，走出一条符合自身实际的可持续发展之路。

（作者是国家食品药品监督管理局原副局长、中国执业药师协会名誉会长）

目　录

第一章　平台：一种创新型经济发展形式 …… 001
一、平台的含义与特性 …… 001
（一）平台的含义 …… 001
（二）平台的特性 …… 003
二、平台的分类 …… 006
（一）依据开放程度分类 …… 006
（二）依据连接性质分类 …… 006
（三）依据功能分类 …… 007
（四）依据专业化程度分类 …… 008
三、平台的业务模式与价格结构 …… 008
（一）业务模式 …… 008
（二）价格结构 …… 009
四、平台的竞争策略与管制能力 …… 011
（一）竞争模型 …… 011
（二）竞争策略 …… 012
（三）管制能力 …… 014
五、平台经济学初探 …… 015
（一）平台经济迅速崛起 …… 015
（二）平台经济的定义与作用 …… 016

第二章　平台营销体系的构建 …… 023

一、如何建立完善的营销平台 …… 023
（一）营销平台产生的背景 …… 023
（二）营销平台的内涵 …… 024
（三）营销平台的建立 …… 026
（四）营销平台的运行 …… 028
（五）营销平台的维护 …… 030
二、平台营销的团队建设 …… 031
（一）营销队伍的素质要求 …… 031
（二）营销队伍存在的问题 …… 034
（三）如何培养优秀的营销队伍 …… 035
三、平台营销团队的培训 …… 036
（一）平台营销团队的基本含义 …… 036
（二）平台营销团队培训的意义与内容 …… 037
（三）平台营销队伍的执行力培训 …… 038
四、平台营销人员的绩效考核 …… 041
（一）现有考核制度存在的问题 …… 042
（二）运用平衡计分卡进行绩效考核的优势 …… 042
（三）平台营销人员绩效考核体系设计 …… 043
（四）注意事项 …… 045
五、平台营销团队的管理和激励 …… 046
（一）团队的组织、领导 …… 046
（二）建立层阶管理秩序 …… 047
（三）建立健全优胜劣汰的激励机制 …… 048
六、平台营销文化的塑造 …… 051
（一）营销文化的内涵 …… 051
（二）平台营销文化建设中存在的问题 …… 052
（三）塑造平台营销文化的策略 …… 053

第三章 认识医药行业与药品零售终端 …… 056
一、医药行业的基本特点 …… 056
（一）高成长性 …… 056
（二）高技术性 …… 057
（三）高投入、高风险性 …… 058
（四）高收益性 …… 059
（五）市场进入壁垒高 …… 059
（六）集中程度高 …… 059
（七）发展速度快 …… 060
二、营销力：医药企业生存和发展的重要考量指标 …… 060
（一）产品力 …… 060
（二）营销力 …… 060
（三）品牌力 …… 061
（四）战略力 …… 061
（五）运营力 …… 061
（六）执行力 …… 061
三、医药营销模式的创新 …… 062
（一）药品营销模式创新的必要性 …… 062
（二）产品品牌化、系统化管理 …… 063
（三）渠道扁平化、多样化 …… 064
（四）人员配置垂直化、科学化 …… 065
（五）绩效考核综合化、合理化 …… 066
四、医药市场的变局与营销走势 …… 067
（一）医药行业兼并重组将加速 …… 068
（二）大健康产业将继续发力 …… 069
（三）新药研发转型成趋势 …… 070
（四）医药电商的发展如火如荼 …… 070

（五）传统广告投放热情锐减，新媒体营销受宠 …… 071
五、药品零售终端概貌 …… 072
（一）药品零售及其活动 …… 072
（二）药品零售企业 …… 075
（三）药品零售业的作用 …… 080
（四）我国药品零售业现状与发展趋势 …… 081
六、药品零售终端顾客购买行为分析 …… 085
（一）零售终端药品消费的主体 …… 085
（二）零售终端顾客的购药行为 …… 089
（三）影响顾客购买药品的因素 …… 095
七、零售药店的市场营销策略 …… 099
（一）药店营销策略的类型 …… 099
（二）药店竞争策略 …… 100
八、特色经营是连锁药店发展的必由之路 …… 102
（一）个性化是药店未来的发展之路 …… 102
（二）专业队伍是个性化服务的保障 …… 103
（三）专业服务赢得顾客忠诚 …… 104
（四）“特色＋细节＝个性” …… 104
（五）以非药品为核心的多元化经营 …… 105

第四章　处方药零售终端平台营销理论与实务（上） …… 106
一、处方药的基本概念 …… 106
（一）处方药的含义、分类和特点 …… 106
（二）处方药与非处方药比较 …… 107
二、处方药市场总体概况 …… 107
（一）总体规模优势 …… 107
（二）市场细分情况 …… 108

三、处方药零售终端平台营销解析 …………………………………… 109
（一）营销现状 ………………………………………………………… 110
（二）存在问题 ………………………………………………………… 111
（三）发展趋势 ………………………………………………………… 112
四、处方药零售终端平台营销攻略 …………………………………… 114
（一）常规策略 ………………………………………………………… 114
（二）突围之路 ………………………………………………………… 117
五、处方药零售终端平台营销传播创新 ……………………………… 119
（一）营销传播原则 …………………………………………………… 120
（二）营销传播手段 …………………………………………………… 121
（三）营销传播管理 …………………………………………………… 122
六、制药企业开拓处方药零售市场的对策 …………………………… 123
（一）零售市场：制药企业的竞争热点 ……………………………… 123
（二）开拓零售市场的重要意义 ……………………………………… 125
（三）开拓零售市场的优势 …………………………………………… 126
（四）开拓零售市场的对策 …………………………………………… 126
七、处方药零售终端营销的平台模式 ………………………………… 130
（一）战略联盟平台 …………………………………………………… 130
（二）会展平台 ………………………………………………………… 134
（三）“第五媒体”整合营销平台 ……………………………………… 139
（四）微信公众平台 …………………………………………………… 141

第五章 处方药零售终端平台营销理论与实务（下） ……………… 145
一、处方药零售终端平台营销的综合要领 …………………………… 145
（一）处方药与非处方药的营销区别 ………………………………… 145
（二）把握机遇，加强零售终端市场整体布局 ……………………… 147
（三）坚持不懈地开展营销创新 ……………………………………… 151

二、处方药零售终端平台营销的产品策略 …… 157
（一）处方药零售终端的定位模型 …… 157
（二）处方药零售终端定位模型的评分标准 …… 159
（三）处方药零售终端战略选择框架原则 …… 161
（四）处方药零售终端战略的定位 …… 163
三、处方药零售终端平台营销的品牌与包装策略 …… 165
（一）品牌与商标的概念 …… 165
（二）处方药产品的品牌策略 …… 165
（三）处方药产品的商标策略 …… 167
（四）处方药产品的包装策略 …… 168
四、处方药零售终端平台营销的价格策略 …… 170
（一）影响处方药产品零售终端定价的因素 …… 170
（二）处方药产品零售终端的定价策略 …… 173
（三）处方药产品零售终端的价格调整策略 …… 176
五、处方药零售终端平台营销的渠道策略 …… 179
（一）直接经销模式 …… 180
（二）直控终端模式 …… 180
（三）区域分销模式 …… 181
（四）总分销模式 …… 181
六、处方药零售终端平台营销的促销策略 …… 182
（一）处方药的促销 …… 183
（二）销售促进 …… 184
（三）广告 …… 185
（四）公共关系 …… 185

第六章 平台营销经典案例 …… 186
案例一 从小公司到世界贸易航母
阿里巴巴依靠互联网平台营销迅速崛起 …… 186
一、阿里巴巴简介 …… 186
（一）发展现状 …… 186
（二）历史沿革 …… 187
二、阿里巴巴平台的外部性和多属策略 …… 188
（一）阿里巴巴平台的外部性 …… 188
（二）平台的多属行为分析 …… 188
三、阿里巴巴平台的类型和业务模式 …… 189
（一）阿里巴巴的平台类型 …… 189
（二）阿里巴巴的平台业务模式 …… 189
四、阿里巴巴平台的竞争模式 …… 190
（一）服务差异化 …… 190
（二）多属行为策略 …… 191
（三）用户产品多样性偏好 …… 191
五、阿里巴巴平台的定价影响因素和管制能力 …… 192
（一）阿里巴巴平台的定价影响因素 …… 192
（二）阿里巴巴的管制能力 …… 193
案例二 齐鲁制药
加强平台管理 推动平台营销 …… 194
一、企业概况 …… 194
二、营销平台管理体系 …… 194
（一）CRM 客户关系管理信息化子系统 …… 194
（二）基于扁平化结构的组织运作子系统 …… 196
（三）产品研发、策划、促销子系统 …… 197

（四）价格管理子系统 …… 198
（五）招标运作子系统 …… 198
（六）人员招聘与培训子系统 …… 199
（七）基于平衡计分卡的绩效管理与薪酬设计子系统 …… 199
三、以营销平台为依托的零售终端策略 …… 201

案例三　持续开展活动平台营销
某药业销售业绩一年翻番 …… 203
一、找准市场定位和消费者诉求点 …… 203
二、不间断开展系列化的传播活动 …… 204

案例四　创新联盟平台营销
万德玛引入“特许加盟”，实现产业链无缝对接 …… 205
一、传统营销平台面临挑战 …… 206
二、“特许加盟”为企业助跑 …… 206

案例五　借力媒体平台
红罐王老吉销售业绩一路飘红 …… 208
一、公司简介 …… 208
二、王老吉产品分析 …… 209
（一）产品性能 …… 209
（二）产品价格 …… 209
（三）企业赋予产品的形象 …… 209
（四）消费者对产品形象的认识 …… 209
（五）产品定位 …… 210
三、王老吉消费者分析 …… 210
（一）消费者的总体态势 …… 210
（二）现有消费者分析 …… 211
（三）潜在消费者及其购买行为分析 …… 211

四、王老吉的网络营销分析 …………………………………… 212
五、王老吉传播方式分析 ……………………………………… 213
（一）大众传播 ………………………………………………… 213
（二）分众传播 ………………………………………………… 215
（三）精准传播 ………………………………………………… 216

案例六 细分市场 精准传播
亚洲制药借力新媒体实施平台营销 ………………………… 218
一、在细分市场中寻找营销策略 ……………………………… 218
二、携手新媒体平台做精准传播 ……………………………… 219

后记 ……………………………………………………………… 221

第一章　平台：一种创新型经济发展形式

一、平台的含义与特性

（一）平台的含义

平台作为新经济时代最重要的产业组织形式，仅仅在最近几年才得到国外学者的重视，而我国对平台产业的研究尚未真正起步。

平台实质上是一种交易空间或场所，可以存在于现实世界，也可以存在于虚拟网络空间。该空间引导或促成双方或多方客户之间的交易，并且通过收取恰当的费用而努力吸引交易各方使用该空间或场所，最终追求收益最大化。

“平台”这个词语在目前的报刊文献的大小文章中经常出现，我们常常看到的例如：建立高新技术发展“平台”的技术开发区、作为推动企业与市场双向交流“平台”的企业家论坛、中外合作交流“平台”、广大毕业生施展身手的创业“平台”、学者间相互沟通的学术“平台”、企业销售“平台”、高考信息“平台”、电子支付“平台”、网络游戏“平台”、全国青少年科技创新活动服务“平台”、中文语言处理开放“平台”、电子政务综合服务“平台”，等等。“平台”被广泛地使用，那么，在相关的词典里，“平台”究竟是如何定义的呢？

1. 引证解释

（1）古台名。平台在河南商丘睢阳区东北，隶属商丘市，后政府辟为开发区，实属梁园区管理。

平台为汉梁孝王筑，并曾与邹阳、枚乘等游此。南朝宋谢惠连在此作

《雪赋》，故又名“雪台”。南朝齐萧子隆《山居序》曰：“西园多士，平台盛宾。”唐李白《梁园吟》曰：“天长水阔厌远涉，访古始及平台间。平台为客忧思多，对酒遂作《梁园歌》。”

（2）供休憩、眺望等用的露天台榭。唐杜甫《重过何氏》诗之三曰：“落日平台上，春风啜茗时。”宋欧阳修《河南府司录张君墓志铭》曰：“其平台清池，上下荒墟。”徐迟《井冈山记》曰：“来到了黄洋界的附近，来到了一个用几十步的石级修上去的一道梯子。它通到山岩旁边一座石砌的平台。”

（3）生产和施工过程中为进行某种操作而设置的工作台，有的能移动和升降。

2.《高级汉语大词典》的诠释

（1）通常高于附近区域的平面；楼房的阳台。

（2）机器的金属表面，工件可固定其上。

（3）【方】平房。

3.《现代英汉综合大辞典》的释义

（1）讲台；戏台；（火车站内的）月台，站台；楼梯平台；比赛台，跳台。

（2）台，平台，高出之地。

（3）【军】炮手站台，炮床；【地质】地台；（海洋钻井的）栈桥。

显然，我们在这里讨论的平台，是从一个运作层面上讲的。

现实生活中有很多平台产业的例子，如操作系统平台，电信业、银行卡、互联网站、购物中心、媒体广告平台等，它们涵盖了经济中最重要的产业。平台的存在是广泛的，它们在现代经济系统中具有非常大的作用，而且这样的作用会越来越大，成为引领新经济时代的重要经济体。

针对市场或者说“平台”的研究已经出现很长时间，但是目前还没有统一到“平台经济学”的框架内。

（二）平台的特性

与传统经济比较，平台具有两个突出特征，即外部性和多属行为。

1. 外部性

平台经济之所以拥有巨大魅力，是因为它具有一种“网络外部性”的特殊性质。网络的最一般意义是指，通过一系列链路（links）直接或间接地连接起来的一组节点（Schmalensee，1995；Ecnomides，1996）。网络的结构特征表现在网络组件的互补性上，正是网络结构的互补性引发了网络外部性。

所谓网络外部性是指，一边终端用户的规模会显著影响另一边终端用户使用该平台的效用或价值。比如，银行卡持卡的消费者越多，POS 机对于商户的价值就越大；而安装 POS 机的商户越多，银行卡对于消费者的价值也越大。这种消费行为之间的相互影响就是通常所说的消费“正外部性”。早在 1974 年，J. Rohlfs 在对电信服务的研究中发现了这种现象，后来，许多专家学者（Katz & Shapiro，1985；Ecnomides，1996）称之为“网络外部性”。Evans（2003b）以及 Rochet & Tirole（2004）对“成员外部性”（Membership Externality）和“用途外部性”（Usage Externality）进行了区分。

（1）平台的成员外部性。又称间接网络外部性，是指平台的一类用户的数量影响该平台对于另一类用户的价值。例如，在网络购物平台，网络的外部性在很大程度上影响着市场的吸引力，因为越多的卖方会吸引越多的买方，买方有更多的购买选择，反过来，买方的踊跃增加吸引更多卖方的参与，存在典型的正外部性。一般而言，关注成员外部性的主要原因在于最终用户的成本具有交易敏感性。这里所说的成本包括平台收取的固定费用，也包括客户方的技术性固定成本。当然，具有交易敏感性的成本的总和才对最终用户有意义。因此，我们不需要人为区分固定费用与技术性费用。

（2）平台的用途外部性。又称直接网络外部性，一般是指平台的价值与使用该平台的消费者的交易相关，尤其是与用户对该产品的使用数量相关。用途外部性从产品的使用中产生，如共享软件、传真机、电邮服务和电信服务等，它们的价值几乎只与产品用户数量以及产品使用频度相关，因为它们主要是用于用户之间的通讯。Kim（2011）在研究具有双边市场特征的团购企业的竞争策略时发现，行业领先者团购客户基数越大且网络外部性越强时，团购企业会提供更多折扣的产品和更多的平台营销服务，以便能培养更大的客户群体，提升企业的竞争优势。

有网络“正外部性”，也就可能存在网络“负外部性”。多数文献讨论平台产业的外部性，一般都指的是正的网络外部性，直到 2004 年，Belleflamme & Toulemonde 在文章中提出平台产业或双边市场的网络外部性也有正负之分，异边用户产生的是正的外部性，而同边用户产生的则是负的外部性。Wilbur（2007）对电视广告产业进行的实证研究发现，如果电视节目中广告的播放时间减少 10%，在忽略竞争效应的前提下，观众的福利会增加 25%，这也验证了该类产业中“负外部性”的存在。

2. 多属行为

现实中存在着多边平台市场结构。主要有：

（1）相似性平台（Coincident Platforms）。几个功能相似的双边平台为市场同一方提供这样的（同质的）市场，包括电子游戏、操作系统、银行卡、电信以及网络门户网站等，这些平台之间显然存在竞争关系。

（2）交叉性平台（Intersecting Platforms）。多边平台为多个市场方提供可相互替代的产品或服务，平台之间也存在服务与被服务关系，如众多中小型网站或专业性网站经常在网页上互相提供超链接，这些交叉性平台之间存在着竞合关系。

（3）垄断性平台（Monopoly Platforms）。在多边市场的任一方都不存在竞争对手的平台。这种垄断性平台在欧美等发达国家已很鲜见，但在我国确实曾经存在或是现实存在的，例如，现在的中国银联、中石油或中石化的加油站等。

由于存在很多功能可以替代或者互相之间并不关联的平台，市场的至少某一方就可能会采取与多个平台发生关联的行为，即多属行为占优策略。例如，对银行卡业而言，由于不同银行卡系统之间不是互通互连的，导致商户与客户之间可能存在多属行为，也就是拥有很多张卡。这种多属行为对市场上至少一方而言是必需的，如此才能在平台之间不兼容或不能互通时进行交易。

多属行为分为成员的多属行为和用途的多属状态。有时，成员的多属行为甚至比用途的多属状态更重要，Rysman（2004）的研究给出了一些证据：银行卡持有方的多属行为要多于用途的多属状态。

买方多属一般是在商品供大于求的状态下，卖方相互竞争，从而形成了买方的主动权地位。如保险市场就属于典型的买方多属。众多的保险公司推出众多的保险产品，顾客可根据自己的偏好和需要来购买保险。形成买方多属的根本条件是社会生产力水平较高，社会供给量超过社会需求量。从微观来看，买方多属有利于企业不断推动技术创新，开发新产品，满足消费者的新需求，提高效率效益；从宏观来看，买方多属有利于资源的合理配置，促进社会效率的提高和经济的发展。

与常见的买方多属行为相对的是卖方多属行为。在商品供不应求的条件下，买方相互竞争，商品价格趋于上升，从而使卖方掌握了价格上的话语权，市场主体的地位向卖方倾斜，卖方支配着买方。在拍卖市场，针对拍卖品，拍买方踊跃抬价，最后出价最高者获得拍卖品，这就是典型的卖方多属。在卖方多属现象中，买方对商品没有更多的选择权，尤其是必需品，往往不得不为之。我国的中小学教育属于卖方多属的典型问题，尽管其实质为非完全市场行为。当孩子小学升初中、初中升高中的时候，不少家长为孩子选择就读哪类学校而苦恼。因为，孩子的学位竞争太激烈了，可供选择的机会非常少，多数情况只能上那些派位给定的学校；如动择校之念，则要准备不菲的择校费。这昂贵的甚至违法的择校费正是优质教育资源稀缺所引发的教育卖方多属行为的结果。教育的公共产品特征表明其供求关系为非市场供求关系，但其“市场化结果”提醒教育供给部门，必须高度重视教育的卖方多属行为，深化改革，增加和合理配置资源，提升教育整体质量水平。

多属行为是平台业务的开展过程中比较常见的现象，它能对平台价格水平和定价结构产生重要影响。但是，目前理论和实证研究都有点滞后。

二、平台的分类

（一）依据开放程度分类

平台按照开放程度，分为开放平台、封闭平台和垄断平台。

开放平台中，市场买方与卖方各成员可以自由进入平台市场。封闭平台中，现有成员可以阻止后来者进入。而垄断平台中，所有市场位置均由一个垄断者控制。根据平台一体化的程度，可以进一步划分为开放一体化平台、封闭一体化平台。开放一体化平台与开放平台、封闭一体化平台与封闭平台之间的区别在于一体化平台提供者往往是卖方，由卖方向下一体化。

（二）依据连接性质分类

一种更有效的方法是依据连接的性质进行分类，将平台分为纵向平台、横向平台和观众平台。

纵向平台促进“卖家”和“买家”形成交易。纵向平台的一个直观的例子是购物中心，它是通过提供具体的场所促进交易的形成。而银行卡则是另外一类例子，它通过一种技术平台（而非具体的场所）促进卖家和买家形成交易。其他的例子包括：游戏控制台连接游戏开发商（卖家）和玩家（买家），医疗服务匹配系统连接居民（“出售”劳动力）和医院（买家），以及B2B网络连接供应商和买家。

横向平台促进不同组成员的相互交流和组合。横向平台的一个典型的例子是电子邮件系统，使用系统的各个用户之间地位相同，不存在明显的买卖关系，但是他们之间存在相互交流与组合的需求。另外一个典型的例子是电信，电信的用户之间，往往不存在明显的买家与卖家的区分，既可以是拨号方也可以是接听方。

观众平台通过给予观众（免费）服务和商品来捕捉目标客户，而这种（免费）服务与商品往往受到商户资助。观众平台的例子包括：报纸、（免费）电视频道、（免费）网络搜索引擎和文件共享技术。观众平台的业务模式受到内容提供者的欢迎，虽然内容的生产成本很高，但是只要能够获得观众注意就能将成本转嫁给广告商。在信息时效性趋强的年代，观众平台的模式尤其受欢迎。内容提供者可以将取自广告商的收入用于补贴内容生产，广告商也乐意进行投资。

平台市场中经常出现由一方补贴另一方的现象。在某些观众平台中，广告商补贴内容观众，在某些纵向平台中，卖家补贴买家。例如，购物商场为消费者提供多种津贴或免费服务停车场、中央空调、休息室等。这些服务的成本转移至卖家身上，而卖家则从与消费者数量相关的间接外部性中受益。其他的纵向平台中，买家可能补贴卖家。例如，软件平台中的操作系统，经常补贴软件开发商，而向最终用户收费。当供求不对称时，横向平台经常通过对某些成员进行补贴来调节供求，以此获得动态平衡。

（三）依据功能分类

另外一种比较有效的分类方式是根据平台的功能，将其分为市场制造者、观众制造者和需求协调者。市场制造者使属于不同市场方的成员能够进行交易，观众制造者匹配广告商和观众，需求协调者制造能产生间接网络效应的商品和服务。这种分类非常有助于理解平台的主要优点：平台提供廉价的实体环境或虚拟贸易环境，从而降低市场各方寻找贸易伙伴的交易成本。

市场制造者使不同市场方的成员互相交易。如果其他市场方的成员越多，则某市场方内的成员便越看重这项业务——因为这会增加互相匹配的机会以及减少寻找配对所需的时间。这样的例子包括 NASDAQ 和易趣、新泽西公路沿途的购物商场和雅虎私人广告。

观众制造者匹配广告商与观众，观众越多，并能对广告信息作出正面的反应，广告商就越看重这项服务；观众制造者新提供的有用信息越多，观众就越看重这项服务。依赖于广告支持的媒体，如杂志、报纸、免费电视、黄页和众多网络门户等都是观众制造者。

需求协调者制造产品或服务，这些产品或服务能引起两个或多个市场方客户之间的间接网络外部性。需求协调者属于特殊的少数类别，在经济学上最为有趣却最少被研究。这些平台并不严格地像市场制造者那样出售“交易机会”或像观众制造者般出售“信息”。属于需求协调者的例子有软件平台、支付系统和移动通信等。

（四）依据专业化程度分类

每一个平台都可以由若干个小的平台构成，就像一个蜂巢组织，是由若干个小蜂窝组成。若干个小的平台存在的理由，是基于其专业性和对整个大平台组织的贡献。例如，一个大型的医药集团可以牵头组建一个大型的开放性的平台，这个平台可以具有外部性和多属性，但在这个大的平台上，可以有诸如营销平台、信息平台、ERP 平台、HR 平台、网上支付平台、媒介平台等。

所以，根据专业化程度分类，企业营销平台可以细化为多个子平台。本书重点研究处方药生产企业零售终端平台的营销问题。

三、平台的业务模式与价格结构

平台经济理论对平台的业务模式和价格结构一直给予重点关注。

（一）业务模式

平台中经常出现以下几种业务模式：双边客户召集、双边客户的利益平衡以及规模化和流动性。

1. 双边客户召集

平台的一个重要特征是，无论平台如何收费或定价，只要没有另一方的需求，则这一方的需求也会消失。这就产生了“先有鸡还是先有蛋”的问题。

一些早前的文献讨论过关于这个问题的解决方案（Gawer & Cusumano，2002）。在上述的情况中，平台投资经营方就必须设法召集双边客户。而在召集双边客户的过程中，平台投资和定价策略是至关重要的。召集双边客户的方法之一是，首先获取市场某一方的大量客户，免费为他们提供服务，甚至付费让他们接受服务，因为这样鼓励了这些受益者参与平台的积极性。Caillaud & Jullien（2003）把这样的策略称为“各个击破”。通过这样的投资经营方式，双边平台能够为市场培育（甚至在最初提供）一方或双方的客户，以推动平台企业发展壮大。

2．双边客户的利益平衡

如果平台企业解决了“先有鸡还是先有蛋”的问题，则意味着该企业已发展到成熟阶段。纵使一个成熟平台企业，仍需要制定和维持一个最优收费结构或价格结构来平衡双边客户的利益。在大部分的多边市场中，平台的定价结构似乎都严重倾向于市场的某一方，这一方的边际效用远低于市场的另一方。例如，微软的绝大部分收入来自给予最终用户和计算机生产商 Windows 操作系统授权许可。双边的客户都着眼于自身利益而要求对方支付高价，比如，这个难题在银行卡产业中屡见不鲜。

3．规模化和流动性

成功的平台企业都关注规模化和流动性。这些成功的多边平台企业，如苹果、易趣、雅虎等，在投资规模扩大之前，都花费大量时间测试和调整平台以增加流动性。这些企业先在小型市场中试运行，反复试验并找到值得投资的适当技术与商业模式。这些成功的平台企业都采取了循序渐进的市场进入策略，经过时间的积淀再逐渐扩大规模。与传统的网络效应经济理论（Arthur，1989）不同，没有证据表明可以通过迅速占据市场份额达到控制平台产业市场的目的。

（二）价格结构

Jeon & Rochet（2007）探讨了学术期刊的定价问题，即应该向作者收费还是向读者收费，不同的定价模式对期刊质量产生不同的影响。传统的期刊定价模式是读者付费，但近来发展的趋势是，读者免费阅读，或由作者付费，或由平台消化。截至目前，免费期刊占总学术期刊的比例大约是8%，以后应该还有继续增加的趋势（Jeon & Rochet，2007）。假定发表文章给作者带来较大的好处（诸如评职称、扩大影响力等），阅读文章对读者有较大的好处（诸如储备知识、启发新的想法等），在期刊的边际成本很低（包括印制、发送）的条件下，期刊向作者收费，而对读者免费开放就是理所当然的。电子期刊基本符合这个特点，因此从社会最优的角度考虑，它比较适合免费开放。Kaiser & Wright（2006）的一篇实证文章验证了上述观点。作者以 Armstrong（2005）的模型为框架，使用了德国1972—2003年间杂志行业的数据，重点考虑的问题是杂志市场的价格结构。他们发现，杂志对广告商的价格加成相对更高一些，即杂志的读者一般都是受“补贴”方，杂志的利润主要来自广告。广告商非常看重读者的数量。另外，如果读者对某一杂志的需求上升，则该杂志的广告水平一般会增加；相反，如果广告商在某一杂志上刊登广告的需求上升，则该杂志的定价一般会下降。

平台主体进行定价决策还要考虑一些影响因素。Ambrus & Rossella（2004）以及 Caillaud & Jullien（2003）指出，即便在双边信息对称的情况下，也会发生平台定价不对称以及其他不对称性情况。Armstrong（2004）和 Rochet & Tirole（2003）研究发现，市场双边的需求弹性是个需要考虑的重要因素，他们通过静态定价模型对比获得一个符合直觉的结论：给定市场一方的规模是另外一方需求弹性的影响因素，那么，当平台上买方数量增加的时候，平台对买方收取的费用自然会上升，而对卖方收取的费用反而会下降；具有吸引力的卖方能通过买方那一边规模的增加而获取更高的间接收益。

在垄断中介的情形下，或在市场一方的规模能够为市场另外一方创造重要的外部性的情形下，可以很容易地确定平台定价的模式，在这种条件下，平台往往会向一边制定较低的价格以吸引该边的参与，另一边则成了平台利润的主要来源。

提供各种中介服务的平台也可以通过对服务的捆绑销售来获利。例如，Visa 卡与 Master 卡既提供信用卡也提供贷记卡。直到现在，还鼓励商户捆绑使用，也就是说，实施所有银行卡一视同仁制。与传统市场上的价格歧视或进入壁垒有所不同，在双边市场上的捆绑销售能够在不损害社会福利的前提下，使得平台在买方与卖方的平衡方面表现得更好。

四、平台的竞争策略与管制能力

与传统产业一样，平台也存在着广泛的竞争。同一平台的主体之间存在内部竞争，两个或两个以上的平台之间存在外部竞争。竞争可以是“自然形成”，也可以是平台市场一方积极行为的结果。例如，不同的支付系统之间的竞争、各种纸质传媒与电子传媒的竞争、各种中介服务的竞争、城市综合体之间的竞争等。平台竞争的最大特点是多面性。在传统市场中，商家常常通过高性价比来吸引顾客，而在双边市场的情况中，市场的两边都可以出现竞争。

（一）竞争模型

目前，文献中研究平台竞争的模型主要基于两类假设。一类假定市场参与者的类型是不同的，他们是否参与平台竞争是实现利润最大化目标的一个决策。另一类则假设市场参与者类型相同，此时一般都会假设参与者的数量是既定的，在此基础上描述平台竞争的有关问题。这类文献关注的一个重要问题是多重注册（multi-homing）现象，即某些或所有参与者会同时加入多个平台，如消费者会选择浏览多个网站，阅读多种报纸，观看多个频道的电视，持有多个银行的信用卡等。

Gabszewicz & Wauthy（2004）建构了一个纵向差异化的模型。该模型假设参与者类型不同，存在多重注册，同时平台只向参与者收取注册费。如果有两个互相竞争的平台，同时假设不存在多种注册，此时存在三种可能的均衡解：第一种可能是一个平台独占整个市场；第二种可能是两个平台之间进行 Bertrand 竞争，利润均为零；第三种可能是一个不对称的均衡，一个平台的参与者数量要高于另一个平台，前者的定价、利润均较高，在参与者看来，它是"质量"较好的平台。在引入多重注册的假设之后，笔者得到了一个非常有意思的结论，即此时的均衡是参与者仅在一边多重注册，平台在这一边均实行垄断定价，在另一边则免费向参与者提供服务。车展就是很好的例子。假设两个邻近城市举办车展（即模型中的平台），如果厂商均选择多重注册，那么对消费者来说，参加一个车展就已经够了。

Caillaud & Jullien（2003）在假设参与者为相同类型的条件下也得到了类似的结论。Armstrong（2006）的研究表明，存在多重注册时的平台竞争，平台会对多重注册的一边实行垄断定价，而对非多重注册的一边则制定一个近似于边际成本的价格。与上述不同的是，Armstrong 直接假设平台仅有一边出现多重注册这一市场结构，Gabszewicz & Wauthy（2004）则是通过纵向差异化模型推导出这一结论的。

Reisinger（2004）通过了解分析平台为吸引双边用户而相互竞争的情况，由此建立了一个双边间具有负网络外部性（指一边用户的数量随着另一边用户数量的增加而减少，在平台产业中指一边是广告商，另一边是最终用户的双边市场，如报纸、电视等媒体）的平台竞争模型。利用这一模型研究的结果表明，平台定价不能使这种负的外部性内部化，当竞争达到均衡时，广告量可能相比于社会最优时的水平偏高。同时，他的研究进一步表明，在最终用户相互竞争的情况下，平台的利润会更高。

（二）竞争策略

平台产业竞争的策略主要有以下四点：

1. 关注服务差异化

服务差异化是平台竞争的一个重要手段。客户会认为，双边平台提供的是多种不同服务。不过，传统的有关银行卡的研究文献都忽略了这一方面，通常假定消费者能够选择一种或另一种银行卡，只要它们同样是被商户所接纳

（Guthrie & Wright，2003）。与之不同的是关于其他平台的研究，例如，关于电视和报刊的研究专门讨论了服务差异化的问题。一般来说，双边市场的服务差异化所产生的效应与传统市场 Hotelling 双头垄断模型所显示的结论并没有质的区别。没有差异，就会出现一种特别的 Bertrand 价格战，导致平台的利润损耗。但是，与基础模型的一个根本区别是，价格平衡并不与边际成本一致。这是因为非合作博弈的结果，就是在无负利润前提下消费者使用价值的最大化。鉴于使用价值也会影响市场的另一边，即使平台利润为零，价格平衡的问题也会出现，以至于发生典型的市场一边补贴另一边的现象。

2. 关注客户差异化

平台里竞争平衡价格取决于市场双边竞争的强度。需要强调的是，平衡价格也跟双边平台涉及的客户差异程度有关（Gabszewicz & Wauthy，2004）。假设卖家并不在乎由两个不同平台提供服务，买家却不然。我们先不讨论卖家同时采用两个平台的可能性，不难看到，中介激烈争夺的是卖家。要说服卖家可有两种途径：低平台收费（甚至为零或负），或平台拥有较多的潜在客户。引入竞争会导致降价，但哪一方市场会获益更多呢？这由客户差异化的程度决定（Chakravorti & Roson，2004）。当双边市场的客户存在差异性，通过一些选择机制，定价原则可以对使用价值发生影响。

3. 重视多属行为

多属行为是平台经济的一个突出特征。当加入平台的固定费用很低或为零时，多属行为很容易出现。多属行为的存在使得对双边市场的分析和推导公式变得相当复杂。为了使分析易于处理，很多文献只是在现有的某些市场特征的基础上，假定某一市场方出现多属，还有一些文献采用特定假设，即允许他们事先知道平衡中的哪一边最终会采取多属策略。处理多属行为的一个主要困难是市场的一方会主导另一方的可能性选择（Rochet & Tirole，2004）。例如，一个商户可以接受一种信用卡或一种借记卡。如果只是证明两种系统各有优势，所以两种卡他都会接受，这显然欠缺说服力；但如果说信用卡的交易费用明显高于借记卡，则商户会拒绝接纳信用卡，迫使消费者使用商户首选的支付手段，这种说明有一定的说服力。明显地，市场一边出现多属会影响竞争的强度。Hermalin & Katz（2004）提出了一个模型，模型中不存在网络外部性，平台服务对于异质客户具有横向差异，并且存在可变的使用费，没有会员费，那么（市场双边的）交互多属（Reciprocal Multi-homing）是平衡的一个可能结果。Gabszewicz & Wauthy（2004）则相反地设定了存在网络外部性、会员费（没有可变的使用费）、网络外部性敏感度方面异质的客户，结果表明在平台竞争中可以存在多种平衡，但只有一种平衡使所有平台都有正利润。Roson（2005）研究讨论了一个具有内生多属行为的银行卡竞争模型，结果表明在竞争性平台给定的价格（会员费和使用费）基础上，消费者和商户进行一个协调博弈，市场双方的选择是独立的，而且能够存在多种平衡使所有平台都有正利润。

4. 开展动态博弈

要创建一个双边市场，必须解决“鸡与蛋”动态博弈的问题（Caillaud & Jullien，2003）。要说服买家使用某个平台，就必须先说服一部分卖家，而且使他们相信一定会有很多买家参与市场；反之亦然。大多数模型都有这方面的缺陷，即假定市场处于一种理性预期平衡，双边同时有用户进入。事实上，大多数情况是一方用户比另一方更早介入市场。这就需要平台有能力影响客户对于未来交易量或外部性的预期，尤其重要的是，平台对未来价格策略的承诺是否可信。Hagiu（2004）指出，可信的承诺能充分地影响动态博弈，增加可供选择的价格策略的数量。

（三）管制能力

1. 作为价格管制者的平台

如果卖方一边具有超越买方一边的市场能力，买方通过加入平台仅仅获得很少的收益，那么，平台就会有动机去关注或通过对买方进行补贴等方法来增加买方收益，并促使他乐于加入平台。有两点需要指出：首先，如果平台不与买方直接发生关系，平台就会为卖家提供最大的收益，并给予卖家最大的商业自由；其次，如果最终用户之间的交易经常导致垄断或买主独家垄断的情况，平台就不可能总是尝试去管制最终用户之间的交易价格问题。

2. 具有许可授权的平台

最终用户常常不仅仅关心定价问题，同样关心交易的质量问题。在一些行业里，平台关注于对交易参与方的筛选，因为后者创造了前者的外部性：超级市场并不把货架转让给出价最高的投标者，因为最终的结果并不一定满足购买者对品牌差异性的认知；媒体对广告商和广告内容的限制至少是不能冒犯它的读者。从这个角度说，平台就成为具有许可授权能力的管制委员会（例如，银行、金融、电力与通信行业），以规定运营的最低标准，将客户负外部性分开。同样需要指出的是：如果一个平台无法将买方福利内生化，则它没有动机对卖方过分苛求。

3. 作为竞争权威的平台

当价格管制显得复杂或无效时，平台可能会通过鼓励市场一方的竞争而使自身对另外一方更有吸引力。市场一方的竞争会导致价格接近边际成本，将会接近有效量，它同样防止了一个特别投资的控制权。因而，一个双边平台能够从允许给定市场一边的竞争中获得收益，如同它能够至少通过与另外一方的相关收益中获得补偿。就像一个竞争管制机构一样，它关注的是竞争所带来的相关收益。同样需要指出的是，如果平台仅仅与一方有直接联系的话，它是不能将这些收益内生化的。

五、平台经济学初探

（一）平台经济迅速崛起

随着信息网络技术的飞速发展和互联网应用的普及，越来越多的平台型企业迅速崛起，平台经济模式迅猛发展。据不完全统计，全球最大的 100 家企业中，有 60 家企业的大部分收入来自平台类业务。时至今日，具有高度黏性的平台经济已成为推动经济发展的新引擎。

平台经济模式具有双边市场、交叉网络外部性、增值性、快速成长性等主要特征，在给平台企业带来巨大回报的同时，还能通过信息精确匹配、规模效益或定向营销等方式给在平台上交易、交流的双方带来便利和实际利益，从而达成多方共赢。

平台经济并不是一种完全崭新的商业模式，早年经常提到的中介公司所扮演的就是平台型企业的角色，其所从事的经济活动即属于平台经济。但由于技术水平有限，传统平台型企业的业务活动容易受到地域、时间等限制，平台经济发展也会受到一定影响。随着信息网络技术的飞速发展和互联网应用的普及，平台经济正在实现更加迅猛的发展，越来越多的平台型企业纷纷涌现，并催生了新一轮平台经济浪潮。

借助于互联网络，人们能够突破沟通交流的空间限制，电子支付技术和现代物流服务又给人们在金融交易和实际货物交易方面带来极大便利，各种平台由此迅速建立并不断扩张。而以电子商务平台为突出代表的各类平台服务越来越深地融入人们工作生活的方方面面，改变了企业的营销方式和人们的消费方式，进而又为平台型企业和平台经济奠定了进一步发展的基础。近年来，平台型企业迅速崛起，成为经济发展的重要动力，国外的谷歌、苹果、脸谱和国内的阿里巴巴、百度、腾讯等近些年受到广泛瞩目的企业，都属于典型的平台型企业。随着平台型企业和平台经济影响力的逐渐扩大，平台经济也在推动着现代经济的变革和重塑。

（二）平台经济的定义与作用

1. 平台经济的定义

平台经济是指依托超市、购物中心等实体交易场所或门户网站、网络游戏等虚拟交易空间，吸引商家和消费者加入，促成双方或多方之间进行交易或信息交换的商业模式，平台企业主要是通过收取会员费、技术服务费、交易佣金等费用获取收益。

平台经济学旨在研究平台之间的竞争与垄断情况，强调市场结构的作用，利用交易成本和合约理论，分析不同类型平台的发展模式与竞争机制，并提出相应的政策建议。

平台经济涉及买方、卖方和第三方（平台方），因此在某种意义上，平台只是以某种类型的网络外部性为特征的经济组织。这种外部性并不取决于相同客户群体的消费状况，而是取决于相异但又相容、处于市场另一方的客户群体的消费状况。换句话说，在决定采用平台的过程中，平台上对应的另外一方的网络规模就是一种质量参数，双方（或多方）在一个平台上互动，这种互动受到特定的网络外部性的影响，突出表现在平台上卖方越多，对买方的吸引力就越大；同样，卖方在考虑是否使用这个平台的时候，平台上买方越多，对卖方的吸引力也越大。

Roehet & Tirole（2003）、Armstrong（2004）、Caillaud & Jullien（2003）等为平台研究做了很多开创性工作，这些开创者的论文发表以来，国际经济学界对平台的研究兴趣急剧上升。但总的来说，对平台经济学的理论研究尚处于起步阶段，国内研究更是近乎空白。

平台经济学以广泛存在的平台为研究对象，以契约理论、网络外部性理论、双边市场理论、博弈论等为理论基础，以发现平台产业的自身规律，推动平台产业健康、健全发展为主要目标，作为一个新的产业经济学分支，具有广阔的发展前景和重要的研究意义。

我们都非常熟悉马克思的一个著名论断：劳动创造了人。黑猩猩是与人类最为接近的动物。它们能够制造工具，能够进行采集和狩猎活动，甚至在经过训练后还能掌握用手语进行简单交流的能力。然而，即便是黑猩猩，也无法进行最简单的商业活动。有些互利共生的动物之间的关系非常接近商业关系，如犀牛和犀牛鸟，但也只是停留在简单的相互依存层面，并不能像人一样进行复杂的交换。人类的神奇之处就在于可以借助某些平台，比如市场，用相互交换的方式来满足彼此的需求，最后使大家的效率和幸福共同增加。就像笔者在网上看到的一句话："谈恋爱的最高境界，就是双方都觉得占了便宜。"——这就是商业的本质。

在历史的长河中，商业紧随着人类社会的出现而出现，并随着人类的进化而与之共同发展。最原始的商业模式很简单，就是甲方将自己的某项产品或服务以某一价格卖给乙方。以文化人最熟悉的图书出版业为例。书商联系到一些作家或翻译家，取得他们作品的版权，然后联系印刷厂将书籍印刷成册，最后将成品书下发到自己的销售渠道，最终卖给消费者。书商只要控制住整个流程的成本，最后就能获得一定的收益。这种简单的商业模式今天依然占据了很大的市场，包括医药工业企业在内的大多数工业领域的企业都是采取类似的商业模式，街头卖菜的小贩也是这种商业模式。

商业模式进化到更高级一层的时候，各种新型的商业模式就出现了，比如曾经很红火的所谓“注意力经济”的概念。随着报纸、杂志、电视等大众媒体的出现，经营者的盈利手段不再是简单地将第一产品以更高的价格卖出去，而是采取了一套“组合拳”式的运作方式。以报纸为例，我们在街头所购买的大多数报纸的零售价格远低于其印刷成本，但报社可以将人们对报纸这种产品的注意力转卖给各种对注意力有需求的广告商，从而弥补低价销售所带来的损失。这就是“注意力经济”的秘诀。在这方面，电视比报纸做得更彻底，虽然电视节目的制作成本颇高，但它们将节目免费播放给广大观众，再从电视广告商那里把钱拿回来。这种商业模式就比单纯“卖东西”复杂多了。

平台级的商业经济是迄今为止出现的最高商业模式。所谓平台经济，就是经营者通过建立一个平台，将甲、乙、丙、丁等各种有需要的利益相关者吸引到这个平台进行合作，在让大家受益的同时，平台建立者也可以获得巨大的收益。腾讯、阿里巴巴都是这方面的代表。微博、微信采用的也是这种模式，在微博、微信上我们可以交到很多朋友，可以获得很多信息，而在这个过程中，微博、微信经营者也获益不菲。平台经营者获益的方式有很多种，如广告、会员收费，也可多种模式兼而有之。

所以说，与人类的进化一样，商业也是在不断进化的。当人类离动物越来越远的时候，也在不断地进行着商业模式的创新，这其实是同一个过程。

2. 平台经济的作用

从微观角度看，平台具有交流或交易的媒介功能、信息服务功能、产业组织功能和利益协调功能。从宏观角度看，平台经济的发展具有推动产业持续创新、引领新兴经济增长、加快制造业服务化转型和变革工作生活方式等作用，是一种重要的产业形式。

（1）推动产业持续创新。平台通过对产业资源、市场资源的整合，可为企业提供广阔的发展空间，同时驱动企业进行持续创新，以获得和巩固竞争优势。例如，电子商务平台上产品相似的多家企业为赢得更多用户，就必须加强技术、产品、服务与品牌宣传推广等方面的创新。同时，平台企业自身为了实现高附加值和高成长性，也要持续进行技术创新和商业模式创新，而这些创新将会带动整个产业的发展。苹果应用商店模式的创新发展就引来了众多企业效仿，从而带动了硬件制造—软件开发—信息服务整条产业链的创新发展。

（2）引领新兴经济增长。平台经济属于服务业范畴。实际上，各类服务业的价值链或者价值网络里都存在着搭建平台的机会。平台一旦建立，就能够吸引各种资源加入，发挥平台的集聚效应，推动整个产业的资源向平台倾斜，创造出巨大价值。平台经济作为创造和聚集价值的桥梁，正日益成为服务经济中最有活力的一部分。谷歌的成功在于其打造了信息汇聚与分享的平台，苹果的成功在于其打造了内容汇聚与交易的平台，这都充分体现了平台经济的巨大潜在价值。

（3）加快制造业服务化转型。在竞争日益激烈的当下，生产企业更需要利用有效的中介平台打通制造和流通之间的瓶颈，实现产品制造链和商品流通链的有效衔接。例如，面对行业利润持续走低的局面，医药企业纷纷转向电子商务平台，借助其庞大的连锁药店终端资源和快捷的销售渠道，创新营销模式，降低运营成本，创造新的盈利点，获取更高利润。可见，平台经济将成为加快制造业服务化转型的重要推动力。

（4）变革消费方式。平台经济中所蕴含的新的交流、交易模式，正成为人们日常生活模式和社交结构变革的重要推动力。例如，腾讯、微信等社交网络平台已成为人际交往的重要渠道；淘宝网等电子商务平台已成为人们日常消费的优先选择；而支付宝等第三方支付平台以及网络银行的普及为人们带来了更多便捷。特别是随着互联网由以信息为中心变成以人为中心，社交网络平台、人际关系平台等将现实关系搬到互联网上的新兴平台，加速了人与人之间的交流和信息流动。这种变革直接带来消费方式的改变，使信息消费得到迅猛发展，也使基于信息交换的商务活动、交易活动等成为未来经济活动的主要组成部分。

总体来看，作为一种重要的产业形式和发展模式，平台经济正逐渐成为服务经济的“皇冠”，成为引领经济增长和推动社会发展的新引擎。

3. 平台经济的实现途径

平台经济理论是产业经济学和产业组织理论近年来关注的热点问题之一，该理论的产生和发展是平台经济蓬勃发展的必然结果。

与传统经济中市场简单分为买卖双方的单边市场不同，平台经济是以双边市场为载体，双边市场以“平台”为核心，通过实现两种或多种类型顾客之间的博弈而获取利润。

Rochet & Tirole（2006）给出了一个双边市场的定义：如果通过提高向一边的收费，同时同等程度地降低向另一边的收费，平台可以改变交易量，则称这一市场是双边市场。也就是说，在双边市场中，价格结构影响交易量，平台应该设计合理的价格结构以吸引两边的参与者，同时提升其竞争力。已有文献一般将双边市场分为四类：交易中介、媒体、支付工具和软件平台。Rochet & Tirole（2003），Caillaud & Jullien（2003），Armstrong & Wright（2004），Armstrong（2006）等在该领域作出了重要贡献。

交易中介是双边市场中基本的类型，各类社会组织（协会、联盟等）、电子商务平台、房地产经纪人、出版社和各种会所等都可以归入这一类。交易中介的特点是，它有两种类型的顾客，我们通常称之为“买家”和“卖家”，中介的作用就是撮合双方的“交易”。以现代百货商场为例，其功能在于吸引买卖双方走到一起，为交易发生提供最大的便利。同样，学术期刊也属交易中介类型的双边平台，在这里，“买卖双方”分别是文章的读者和作者，所谓的“交易”，则变成了读者阅读作者所写的文章。

媒体类型的双边市场常见的有报纸、杂志、电视等传统媒体和门户网站、博客等新传媒，其特点是，平台通过提供“内容”（新闻、评论、节目等）来吸引“眼球”（读者、观众），进而通过读者、观众来吸引广告客户。早期的文献没有考虑媒体产业的双边市场特性，研究重点是电视频道的节目选择问题（Reisinger，2004），应该说这类研究是很不完善的。对媒体产业进行研究的较著名的学者是 Anderson & Coate（2003），他们分析的是电视广告，关注的问题是两个频道是否会播放同样的节目，以及他们会插播多少广告。模型假设，如果插播的广告过多，观众会选择换一个虽然不太喜欢但广告较少的节目。结果发现，随着情况的不同，广告可能会过少，也可能会过多，节目可能会过于单一，也可能过于多样化。他们也分析了向观众收取费用的情况，结论是，在这种情况下广告水平一般较低。Bergh & Kind（2012）等分析了媒体产业的双边市场情况，认为很多媒体企业已经利用双边市场的相关竞争策略取得了快速的发展。

在平台经济的研究中，支付工具主要指银行卡，包括借记卡和信用卡。在这种类型的双边市场中，要使支付工具得到充分利用，不仅消费者（持卡人）愿意使用，同时商户也必须同意接受刷卡消费，持卡人和商户之间存在着间接的外部性。消费者愿意持卡消费，不仅因为发卡行会提供种种优惠，如免年费、积分等，还因为信用卡消费可以提供短期的无息贷款，也可以提供长期的信用贷款。商户接受刷卡消费，主要是因为间接外部性，消费者愿意持卡消费，提供这种服务可以提高销售量。

对银行卡产业的研究缘起于一系列的反垄断案。1996 年，美国沃尔玛诉 Visa 卡和 Master 卡，2002 年欧盟竞争委员会诉 Visa 卡等反垄断案促使学者们关注支付工具的交易费（Rochet & Tirole，2002；Chakravorti & Emmons，2003；Wright，2003；Gans & King，2003）和交易工具之间的竞争问题（Rochet & Tirole，2006）。

软件平台是现实中常见的双边市场，如操作系统、网络游戏等。在这种类型的双边市场中，买方要使用卖方的产品，必须通过平台（可以是软件，也可以是硬件）来实现，所以有学者称这类平台为共享投入平台（shared-input platform）（Evans，Hagiu & Schmalensee，2004）。需要指出的是，软件平台一般会涉及"多边"市场，以操作系统为例，就有硬件、应用软件、用户三边。因为"双边"的本质在"多边"的情况下不会发生改变，所以习惯上还是以"双边"命名。

第二章 平台营销体系的构建

一、如何建立完善的营销平台

（一）营销平台产生的背景

1. 专业化与资源的矛盾

企业在建立销售组织的时候，通常采取三种形式：办事处、市场部和分公司，来承担市场拓展、产品销售和企业宣传的任务。在实际运作中，随着企业产品的增加，企业往往会面临一个多产品推广的难题。一是如果将所有的产品都交给一个统一的销售组织来推广，那么往往由于资源有限，办事机构总是将精力放在销售量大的产品上，对于新产品或销量小的产品则放在次要的地位，如此一来，必然影响这两类产品的推广，使其在面对竞争对手的专业化推广时处于弱势。二是如果为不同类别的产品分别设立各自的销售组织，那就相当于完全是从头开始，对于老产品已经建立起来的网络资源造成浪费，相应地也就加大了企业投入的费用，增加了产品推广的风险。这两个问题在现行销售组织形式下是无法得到根本解决的。

2. 规范与效率的矛盾

经常可以听到一线销售人员抱怨，要不停地应付总部人员的接待，填写大量的各种销售报表，一是没有这么多的精力来应付；二是对解决实际的销售问题毫无帮助。而总部管理人员也在抱怨，销售人员对公司的政策执行不力，上报的信息不准确，很大程度上是在敷衍了事，使公司无法作出正确的决策。

的确，销售组织不但要完成开发客户、管理渠道、实现销售目标、收回货款等销售方面的职能，还要承担广告宣传、公关活动、促销活动、市场分析、品牌维护等市场方面的职能，另外，还要负责财务、行政、人事等方面的日常管理工作。但销售组织的主要任务是实现公司下达的销售目标，销售经理和销售人员都承受着很大的压力。在这种情况下，他们只能将主要精力放在市场和销售方面，以实现销售目标来作为工作的准则和要求，对不能给销售带来直接帮助的事情都放在一边。而作为公司来讲，肯定要对销售组织进行规范的管理，要对市场进行充分了解，为决策收集大量的信息，否则就无法控制销售工作的效果，这从管理的角度来看也是必需的。其实，这就是公司在规范管理和销售组织的工作效率方面产生的矛盾。但在目前的组织形式下，这种矛盾只能长期共存，只能依靠大量的协调工作和强行规定才能执行。

在上述两种矛盾的困扰下，“营销平台”的概念应运而生，它的根本目的就是充分整合资源，提高专业化水准和工作效率，并保证管理的良好执行。

（二）营销平台的内涵

1. 航空港概念

营销平台的概念脱胎于现代航空港的概念。航空港实质就是一种类型的运营平台，在每个航空港内，都建设有机场、候机厅、地勤服务、宾馆、餐饮、零售、运输、售票等设施和服务，这些设施和服务统一由航空港的管理者提供。在这个平台上，国内、国外的航空公司都可以此为基础，向各自的顾客提供客运或货运服务，但各航空公司不用每家都再另外单独设置类似的设施和服务，因为这些资源都由航空港有效地整合了起来，这样也就大大地节省了航空公司的运营成本，航空公司只需做好自身内部管理和顾客服务工作就行了。

那么，对于营销平台而言，企业设立的每个销售组织都可以视作一个航空港，它对企业的各种管理职能部门统一提供行政、财务、人事、销售事务、物流、信息、接待等服务；而企业的销售、市场、产品、研发等职能部门则相当于各航空公司，他们在营销平台上可以充分地利用已经配置好的各种资源，销售、市场及其他各部门都可以利用行政、财务、人事、销售事务、物流、信息等服务。这样一来，一方面营销平台已经将企业的资源进行了有效的配置，另一方面则各个专业职能部门都不用将心思花在与本职业务关系不大的事情上，从而可以迅速提升企业的专业化水准。此外，企业对营销平台的管理也可以更加规范化地运作，真正实现管理的有效控制。在这种体制下，现行体制的弊端则可从根本上消除。

2. 资源整合及共享

营销平台最本质的内涵是对资源的运用，解决的是如何对资源进行有效整合的问题，这正是目前销售组织体系无法完全解决的问题。而对资源进行整合的目的，一方面是降低企业的营销费用和运营成本，更重要的则是提高企业的专业化能力，在竞争中取得较大的优势。在营销平台的基础上，销售人员可以专注于渠道的开发、客户的管理、网络的建设等，市场人员则可以在平台上建立广告、促销、调研等不同的专业职能，使企业对区域市场有更深入的了解，也就不必像现在的销售人员那样，同时还要承担市场方面的职能，而专业的市场人员则高高在上，脱离实际。

3. 营销网络

营销平台同时也是一种营销网络，它取代了传统的办事处、市场部或分公司的地位，是企业总部职能在区域市场的延伸，使企业的管理重心下移。以前办事处、市场部或分公司所建设的销售网络都将由营销平台进行系统的管理，而营销平台在建设营销网络的内涵上将更加丰富，它不仅仅是指销售网络，还包括了社会关系网络、顾客群体网络、媒体网络及政府关系网络，这样它在区域市场上将形成一种立体化的网络层次，使产品、品牌及企业的影响力得到更深入的渗透。

4. 组织机构

在传统的营销网络中，办事处、市场部或分公司通常被分为省级、市级及县级三个层次，这三个层面的职能是一样的，只不过省级销售组织另外还承担着财务的职能。在实行营销平台管理后，这些机构的职能将会发生转变。因为营销平台是一种新型的组织形式，它的职能是综合型的，其目的在于使原有的办事处、市场部或分公司从事务性的职能中脱离出来，成为专业化的职能组织。

5. 综合管理

营销平台承担着大量行政及事务性的工作，其实就相当于总部职能的下移，将以往由总部各职能部门负责的工作分解到了营销平台上。这种转变是巨大的，因为市场瞬息万变，如果企业的沟通过程太长，必然会降低对市场形势变化的反应速度；另外按照传统的组织形式，许多事情的处理都是远离市场的，所以往往企业总部作出的决定与市场是脱节的。而采取营销平台的管理形式后，将使企业的综合管理在效率上提高到较高的层次，能很好地配合销售和市场工作的开展。

6. 服务支持

从营销平台的运作特点看，它其实是一个典型的服务型组织机构，它提供的行政、财务、人事、物流等各种综合型管理，都是为了保证企业能达成更好的销售业绩，在市场上取得更多的占有份额。一直以来，企业的职能部门基本上都没有树立服务意识，仍然处在一种“本位主义”的状态，这样往往造成办事效率低下，对企业的危害特别大。其实，尽管是在企业内部，仍然要树立为市场服务的意识，具体而言就是每个部门都要围绕市场，为市场和销售部门提供高质高效的服务。营销平台组织的建立，就是要改变目前职能部门高高在上的局面，使后勤工作靠近市场，建立起快速反应的核心管理能力。

（三）营销平台的建立

1. 营销平台构建的条件

（1）根据市场拓展的要求建立营销平台系统。营销平台的建立是一个系统工程，需要循序渐进地发展，它不是一味地追求速度和形式，而要讲究“步步为营”。现在有很多企业为了迅速增加销售业绩，往往在很短的时间就在全国各省市都建立了销售网络，但是由于资源的投入无法及时跟进，造成产品的推广并不深入，反而分散了资源。营销平台建立的重点是成熟一个、建立一个，如果市场条件不成熟，宁愿缓建也不能仓促上马。

（2）营销平台需要在一定的层面上运行。营销平台的运行环境应该是省级市场，在这个层面上才存在着对建立营销平台的迫切需求，而且也利于真正做到对资源的整合运用，而对于市、县级市场则没有建立营销平台的必要，它们只是营销平台管理的范围。

（3）营销平台的运作需要充足的资源支持。营销平台作为一个综合性的管理机构，承担着企业管理职能中心下移的责任，因此，必须拥有足够的资源来支撑整个机构的良好运作，如果资源条件不具备，也无法建立成功的营销平台。

（4）营销平台的建立要适合于企业的发展阶段。并不是任何一个企业都有必要或是有条件来建立营销平台，从企业发展的实际状况来看，营销平台的建立适合在发展阶段进行。初期由于企业的实力较弱，资源有限，市场范围也较窄，没有必要建立营销平台，也并不具备适当的条件。只有当企业发展到一定阶段，市场拓展的需要和企业自身发展的需求才使营销平台的建立成为可能。

2. 组织架构的设置

（1）营销平台直接管辖机构。

行政部：提供办公、档案、资料、接待等服务。

人力资源部：提供人员招聘、培训等服务。

财务部：提供资金筹措、使用、费用、报销、结算等服务。

传播部：负责与媒体建立良好关系，并提供媒体信息、分析等服务，同时也要承担企业形象的对外宣传，系统地开展公关活动。

对外关系部：负责与当地市场的各级相关部门如工商、税务、行业管理部门等建立良好关系。

事务部：提供销售报表、产品收发货、仓储中转、宣传品制作等服务。

市场研究部：提供市场信息收集、剪报、专业媒体资料等信息服务。

（2）营销平台基础上的专业职能机构。

市场部：负责对市场进行系统的推广，包括市场调研、策略制定、广告投放、消费者促销、公关活动等职能。

销售部：负责完成企业规定的销售任务，包括开发及管理客户、渠道促销、产品铺货、终端管理、销售回款等职能。

3. 管理制度的建立

（1）营销平台内部的管理。即对营销平台内部的7个部门建立起规范的管理，其最根本的目的在于能充分满足市场、销售部门的各种需要。每个部门都需要建立工作流程，并与其他部门充分沟通。他们工作的方向是保证专业部门能够快速、高效地完成任务，因此，对于专业职能部门提出的要求，他们必须无条件地提供服务。

（2）营销平台对专业机构的管理。市场部和销售部是属于企业总部直接管辖的专业职能部门，它们在专业方面不受营销平台的管理，但是在其他综合性方面要接受营销平台的管理，比如要遵循营销平台制定的财务制度、办公制度等规定。

（3）营销平台、市场部和销售部各设立一名负责人，组成营销平台的工作委员会，使营销平台真正发挥整合的功能。他们必须按照企业整体战略的部署，制定出各自领域中的工作安排，然后整合成一个整体的执行战术和工作要求，再安排本部门的人员具体完成，这样各部门之间对整个工作的目标和要求都能清晰地获知，从而能很好地保持工作的高效运转。

（四）营销平台的运行

1. 市场部在平台上的运行

（1）市场分析。市场部向平台的市场研究部门和传播部门获取当地市场的经济状况、消费习惯、收入水平、媒体状况等基本情况，同时再结合本部门对市场的直接调查，找出最恰当的目标市场，制定出营销整体策略、营销战术和执行方案。

（2）广告投放。市场部门在制定出广告传播策略后，接下来就涉及与媒体签订广告投放协议以及费用支付，这些工作可以由平台的传播部门执行，市场部门只需提供具体的广告战术执行要求；另外，这样还可以大大减少目前普遍存在于企业中的广告灰色收入现象，提高广告投放的科学性，同时也能利用平台在当地市场的关系降低费用的支出。

（3）市场事务。当市场部门在推广过程中需要印刷、制作有关的宣传用品时（如海报、礼品、横幅、看板、挂旗等），可以通过平台的事务部去完成，这样就大量节省了市场推广人员的时间；另外，由于在当地制作，无须从总部发送，提高了工作的效率，并在一定程度上降低了费用。

（4）人员提供。当市场部门开展促销活动时，需要有大量的临时人员进行协助，此时可以由平台的人力资源部去寻找合适的人员，由于人力资源部积累了专业的人才档案库，因此，可以在很短的时间内提供符合要求的人员，提高了市场部的工作效率。

2. 销售部在平台上的运行

（1）销售事务。在销售工作中会出现大量的事务性工作，比如产品的接货、发货、仓储等，这些内容在销售人员的日常工作中占了很大的比例。而通过平台的事务部来处理，就能为销售人员卸下很大的负担，使其将更多的时间用在客户的开发和管理方面。

（2）报表管理。销售人员对填制大量的销售报表怨言很多是现实普遍存在的现象，因为这浪费了他们很多的时间和精力，这样就造成报表上反映的信息通常是不准确的。如果这项工作由平台的事务部来处理，那么就能使销售人员解脱出来，将精力放在客户和销售方面，从而提高工作效率。

3. 综合事务在平台上的运行

对于其他一些综合性的事务，如得到当地有关部门的支持、对总部人员和客户的接待、费用的报销、企业的宣传等，都将由平台进行统一安排，这样就形成了一个综合的服务性支持机构，减轻了各专业部门的负担，使市场、销售工作更加有效率；另外，由于平台的存在，将大大改善机构中的官僚作风，使每位员工都能接受到企业统一的规范化管理。

（五）营销平台的维护

1. 以体制为保障

要使营销平台得到良好的运行，必须创造一个良好的环境和体制。首先，企业要具备资源整合和共享的意识；其次，要注重专业化水平的提高；最后，要建立内部服务支持的概念。这样就能使营销平台生存在一个适合的环境之中，成为企业的重要核心竞争力。

2. 以效率为标准

在营销平台的运作中，评价其是否有效的标准，就是看平台是否真正给市场和销售工作带来了好处，提高了工作的效率，使企业对市场的变化有快速的反应，这也是建立营销平台的根本目的。

3. 对营销平台的动态调整

营销平台的组织形式和管理制度在一定时期将是稳定的，但并不是一成不变，因为市场是不断变动的，而营销平台又是面向市场的，所以，如果营销平台的运作制度妨碍了各项工作的有效完成，或者市场产生了全新的需求，那么，都需要相应地改变营销平台的组织结构和管理制度，这样才能维持营销平台的竞争力。

4. 对营销平台的管理

规范化是最重要的标准，当企业在不同的省级市场建立营销平台时，在组织形式、管理形式方面一定要采取统一的设置，这样将提高企业的管理效率，降低管理成本，同时也使营销平台的资源具有流动性，一个平台内部的人员、管理经验也能运用于其他的平台。另外，营销平台可以根据各级市场的具体特点，使平台的管理制度适应当地的环境，同时也与企业的管理规范进行融合，从而丰富营销平台系统的内容。

二、平台营销的团队建设

（一）营销队伍的素质要求

目前，世界上大部分国家，包括中国，均严格禁止处方药品进行大众媒体广告促销。虽然美国允许一定程度的处方药广告，但就算是在美国，这类药品的广告促销也受到非常严格的限制，其广告内容必须经过审批。而在一些著名医药公司，如强生公司，超过一半的员工为公司的销售人员；公司每年的销售支出中，很大一部分是销售人员的费用。由此销售人员的重要性可见一斑。优秀的销售队伍是决定一家医药企业成功的重要因素。

我国大部分医药销售人员的受教育水平、市场营销的基本理论和基本技能等均有待进一步提高。所以，企业需要花很大的力气进行培训，员工通常需要长期实践才能胜任本职工作。其中，也有一部分人能够表现出色，但是从整体上看，优秀称职的医药销售人员比例太小，难以形成优秀的职业群体。同时，医药行业人员离职率一路走高，也和医药行业人才严重缺乏有重要的关联，更加剧了企业对销售人员的需求。基于以上原因，对企业来说，如何进行成功的销售队伍建设成为极其重要的任务。

1. 专业化

专业化是指在人员招聘、管理等方面，坚持选择优秀的高素质专业人才，并定期进行各方面技能的培训，以便更好地服务大众，为客户提供优质服务。

（1）可以通过提倡销售人员集中工作来达到这个目的，即解决专长协作的问题，提高营销队伍的能力。大部分企业对营销队伍的管理是松散型的，但是如果每一天销售人员都能有机会在市场上集中，并分享一天市场的信息和变化、顾客的变化和出现的问题、好的做法或教训，那么，这支队伍就有了专业分享的机会和条件。而一个松散型的销售队伍，是无法做专业化培养的。

（2）可以鼓励具有业务专长的员工，像服务专家一样在营销队伍中发挥更大的作用。销售人员能够以自己的专长服务顾客，是专业化成长的根本，而如何使用具有专长的营销人员来服务整支销售队伍，则是提高销售队伍专业化能力的关键。

（3）通过“传帮带”，强化培训，强化管理，快速加强销售队伍的能力和素质。信心、能力、态度、愿望是销售队伍实现真正专业化的根本。要让销售人员在能力上、收益上、技能上都有所提高，这样才能充分发挥销售人员的积极性和主动性，从而实现销售目标并超越销售目标。

2. 作风严谨

不管销售人员的内在动力如何，如果组织松散，凝聚力不强，工作不努力，他们就难以满足客户越来越多的要求。因此销售队伍应该善于制定详细、周密的工作计划，并且能在随后的工作中不折不扣地予以执行。其实，销售工作并不存在什么特别神奇的地方，有的只是严密的组织和勤奋的工作。

3. 完成销售的能力

当销售队伍里，销售人员不能从客户那里获得订单，即使他的技巧再多、再好，那也是枉然，无法成交就谈不上完成销售。一般而言，销售人员总会设法与客户达成共识，从而顺利签单。研究表明，有一点很重要，即销售人员应该具备一种百折不挠、坚持到底的精神，销售人员应该像运动员一样不怕失败，甚至到最后一刻也不放弃努力。

优秀的销售人员往往对自己和所销售的产品深信不疑，他们通常都十分自信并坚信自己的决策是正确的；他们十分渴望成交，通常会在法律和道德允许的范围内采用各种方法设法使交易获得成功。

4. 建立关系的能力

在当今的关系型营销环境中，销售队伍最需要注意的是：成为解决客户问题的能手和与客户发展关系的行家，力求敏锐地把握客户的真实需求。优秀的销售队伍通常是这样的：他们的销售人员全神贯注，很有耐心，细致周到，反应迅速，善于倾听，十分真诚；他们能站在客户的立场上，用客户的眼光来看问题。客户更希望销售人员成为其“业务伙伴”而不是“玩友”，销售人员应该很清楚这一点。所以，销售人员要做的不是去讨客户的欢喜，而是应该真正去关心客户的利益，关心客户的业务发展方向，关心怎样才能帮助客户解决问题。只有这样你才可以成功地销售自己，销售你的产品和服务。

5. 较强的语言表达能力和书面表达能力

销售人员在向客户和消费者介绍企业情况、产品情况及具体的销售策略和市场远景时，有出色的口头表达能力和语言组织能力至关重要；同时，销售人员在进行市场调研、向决策层提建议时，需要充分准备并写好市场调查报告和建议书。

6. 良好的个人形象

要让客户接受你的产品，接受你的销售建议并和你友好共事，就必须先给他们留个好印象。干练、务实的个人形象，会让客户感觉良好，这样你的销售工作就成功了一半。因此，在和客户接触时，一定要注意自己的衣着打扮和个人卫生，注意日常生活和工作时的礼仪。

7. 较大的发展潜力

具有一定的销售经验固然重要，具有较强的可塑性和较大的发展潜力更为重要，那些经过有效培训迅速成长为优秀业务人员者会更有冲劲。市场千变万化，各种新情况、新问题随时会发生，营销理念也在不断发展变化，销售人员要经常学习，不断提升自身素质，以随时掌握市场营销方面的新知识、新观点和新方法。一定的文化、肯学习、会学习，并强烈要求上进的人才能适应不断变化的市场需求。

8. 对企业有足够的忠诚度、具有团队意识

市场瞬息万变，人也同样在发展变化，但人的变化会更大。由于竞争对手总是在市场上拉拢和收编你的销售队伍，如果某些销售人员对企业没有足够的忠诚度，那么，企业的销售队伍可能面临分化和解体的危险。具有足够的忠诚度是选拔精英销售人员的重要一环。

（二）营销队伍存在的问题

1. 伪造证件

一些不具备学历和未经业务培训的人员，采用伪造学历证明、企业生产经营许可证、授权委托书、药企公章等手段，骗取药品营销资格。

2. 兼职营销

一些营销人员为了达到利益最大化，采取多种不正当的手段，骗取两家或多家药企的营销授权委托书，同时代理多家药企销售药品，有的干脆持他人资格证明，冒名顶替销售药品。

3. 异地设库

有的营销人员，从生产企业一次性购进大量药品私设药库，然后分批分次销售；有的营销人员则随身携带药企的空白发票，一旦需要，随时填写；有的雇用无业人员，采取单线联系、点对点推销等隐蔽手段，直接向消费个体销售药品，并送药到户；有的采取知识讲座、义诊咨询、免费体检、降价赠送等方式，骗取群众信任，非法从事药品销售活动。

4. 兜售假药

部分营销人员利用私下设库的便利，把真假药品掺杂后，销售给村卫生室、个体诊所等基层医疗机构，造成农村假药泛滥，广大农村群众的用药安全有效受到了严重威胁。

5. 擅自扩大企业委托授权范围

有的销售人员为了牟取暴利，采用非法手段，擅自扩大委托企业的授权范围或超范围经营，夹带销售非法生产的药品，或销售非委托授权企业的畅销药品。

6. 现货销售

有的营销人员为了扩大销售量，随身携带远远大于原合同购销数量的药品现货，混入药品市场趁机进行销售。

7. 体外循环

有的营销人员在取得某药企委托销售资格后，绕开授权药企，私下组织货源并假借药企名义进行销售。为了逃避药监部门的监督管理，有的营销人员勾结药企内部人员补开销售发票、补填出入库单，甚至直接提供普通商业发票企图蒙混过关。

（三）如何培养优秀的营销队伍

1. 加强对营销队伍的管理

（1）要把严准入关。药企招聘营销人员时要严格条件，提高门槛，明确学历和专业要求，着力建立高素质的药品营销队伍。

（2）要注重素质培训。加强对营销人员的从业道德和法制意识培训，增强其诚信、守法经营意识。

（3）要调整经营策略。仅凭单纯的提高销售数量，而忽视经营行为的管理，不利于药企的品牌形象建立和企业长远发展，因此，药企要尽快调整经营策略，实行销售、管理两手抓，完善诚信、守法经营机制。

2. 建立有效的激励机制

在管理工作中，最重要的就是对人的管理，而对人的管理或人力资源管理主要是通过激励来实现的。所谓激励就是管理者遵循人的行为规律，运用多种有效的方法和手段，最大限度地激发下属的积极性、主动性和创造性，以保证组织目标的实现。激励机制运用的好坏是决定企业兴衰的一个重要因素，因此，如何运用好激励机制也就成为企业面临的重要挑战。

美国哈佛大学教授威廉·詹姆士研究发现，在缺乏科学、有效的激励的情况下，人的潜能只能发挥20%～30%；而科学、有效的激励机制能把员工另外70%～80%的潜能发挥出来。所以，对于医药企业来说，能否建立起完善、有效的激励机制将直接影响到其生存和发展。

3. 建立有效的约束机制

要选择科学、合理的绩效考评办法，发挥约束作用。制定考核标准，选择考评办法，进行员工绩效考评，是企业管理的一种有效手段，对企业员工和管理者有着重大影响。一个先进的考评办法，不仅令企业的发展充满生机和活力，同时也会使员工感到公平，从而认同企业；而一个落伍的考评制度，往往是对客观信息的扭曲反映，很可能给员工带来不必要的失败、挫折感，甚至使企业失去人才。

4. 提高销售人员的自身素质

现代营销对销售人员素质的要求是多方面的，包括品质素质、知识素质、业务素质、能力素质、心理素质和身体素质。企业要投入资金，通过多种形式对销售人员进行培训，提高企业销售人员的素质和工作能力。要坚持先培训后上岗的原则，培训要有针对性，并逐步对销售人员实行上岗资格认定制度。

销售人员心理品质的形成是一定的心理背景和外界影响因素共同作用的结果。销售人员心理背景是心理品质产生的内因，而外界的影响是心理品质产生的外因。要使外界影响起作用，必须了解其心理背景，从心理活动规律出发，科学地调动其内在的动力，加以有效的外在影响，促使其心理品质发生变化。

三、平台营销团队的培训

（一）平台营销团队的基本含义

目前，无论是媒体还是企业，都在谈“平台营销团队合作”、“平台营销团队精神”。究竟什么是平台营销团队呢？

平台营销团队是由两个或两个以上的人组成的集体，其成员之间在某种程度上有动态的相互关系。一般说来，“平台营销团队”具有以下特征：

（1）平台营销团队一定至少有两个成员。

（2）平台营销团队的规模必须有所限制，以确保所有成员之间都充分了解并且互相发生影响。

（3）平台营销团队成员之间互相依赖的最低限度是：一个成员的决策和

行为会被平台营销团队其他人重视。

（4）平台营销团队在时间上有一定的连续性，其成员之间的关系是一种历史的延续或者延续至可以预期的将来。

（5）在平台营销团队中，集体的业绩成果要远远高于每个人所付出的总和。

（二）平台营销团队培训的意义与内容

1. 平台营销团队培训的意义

平台营销团队培训是指通过协调所在团队成员的个人绩效从而实现共同目标。营销团队培训重在协调为达成共同目标而努力工作的不同个人之间的合作。团队各成员之间必须分享信息以及个人的行为，这将会影响到群体的整体绩效的情况。例如，无论在国企还是在私营部门（比如制药厂车间生产、民航客机），其工作都是由所在机组、所在群体或者所在班组共同完成的。成功的绩效取决于在决策活动中的相互协调能力、营销团队的业绩以及处理潜在危险情况的思想准备。平台营销团队培训作为一种很大众化的培训方式，仍然是当代企业管理中的基本培训方式。它在协调营销团队成员关系、促进成员之间的合作、更好更快地达到组织目标等方面，发挥了不可替代的作用。随着管理科学的不断发展，它将得到更深层的发展，继续焕发新的活力。

2. 平台营销团队培训的主要内容

在企业无国界竞争到来的时代，在世界500强企业几乎全数进入中国市场的今天，平台营销团队精神为什么一直是中国企业长久的痛？营销团队精神为什么会成为中华文明和中国企业的最大软肋？为什么会成为我们向世界先进文明和最优秀、最强大的企业和组织跨越的最大沟壑？高绩效营销团队的组织基因、文化基因、制度基因和技术基因到底是什么？通过户外拓展、营销团队建设技术、企业文化活动等诸多方面的努力，可以融洽我们的组织气氛，却不可能从基因上使营销团队精神融入我们的血脉，这是为什么？营销团队精神的标本兼治的方法到底是什么？这些问题，几乎是中国绝大多数企业领导人和管理者苦苦追寻而不得其解的沉重话题。

结合实际，平台营销团队培训包括以下主要内容：①谈判策略和谈判心理训练；②杀价技能；③异议处理和成交技能；④营销员工的标准礼仪和商务素质；⑤营销团队培训中的心态训练；⑥营销团队的执行力训练；⑦营销团队的文化训练。

（三）平台营销队伍的执行力培训

1. 平台营销团队执行力的含义

平台营销团队执行力就是将战略与决策转化为实施结果的能力。许多成功的企业家也对此做出过自己的定义。美国通用公司前任总裁韦尔奇先生认为，所谓平台营销团队执行力就是“企业奖惩制度的严格实施”。中国著名企业家柳传志先生认为，平台营销团队执行力就是“用合适的人，干合适的事”。综上所述，平台营销团队执行力就是“当上级下达指令或要求后，迅速做出反应，并将其贯彻或者执行下去的能力”。

面对“市场更加多变”和“管理日趋复杂”两大挑战，平台营销的管理者必须从具体的事务中抽身出来，专注于计划、实施、协调、监督、指导、控制、考核和持续改进等工作思路和工作方式的研究，积极搭建提升执行力的平台，不断提升部门和下属的执行力，以推动企业的持续发展。

有一家权威公司曾做过一项调查：整整一年时间里，许多医药企业只有15%的时间在为顾客提供服务，其余85%的时间所做的工作对顾客而言根本没有意义。换言之，企业为了维护组织自身的平衡稳定，将大量的时间和精力花在了企业内部协调、开会、解决人事问题、处理各种管理纷争等方面，此时，企业变成了“为了存在而存在”而不是“为了顾客而存在”的组织。然而顾客却必须为15%的价值，向公司支付100%的货币。显然，这样的组织是没有执行力的，更是没有竞争力的。

在现实中，每一个企业都或多或少被以上种种导致执行力低下的问题所困扰。当然更多的企业或许并未察觉，领导者们只是觉得，自己总是被一些琐碎、复杂而又突发的事情弄得焦头烂额。其实他们都没从理论上认识到，这是企业执行力低下的表现，是企业管理中最大的黑洞。

2. 平台营销团队执行力的现状与问题

（1）平台营销团队执行力的现状：①简单任务布置得不明确、不清晰，导致员工理解偏差；②在布置复杂工作时，只交代要求，不与下属一起做工作计划，造成下属工作无法开展，或无法达到预期目的；③对决定不加以跟进，在执行过程中缺乏监控，导致任务不能及时全面完成；④授权或布置任务时选错对象，或者下属不胜任、抱怨任务无聊，或者下属工作负担太重；⑤对下属缺乏指导，致使后继乏人，而下属则抱怨缺少支持；⑥对下属原则性指导多，给具体方法少；⑦不能很好地区分员工的技能性问题和态度问题；⑧不能有效鞭策员工，导致员工说一下动一下，不推不动；⑨批评员工不得要领，要么太软，要么太硬；⑩解决问题就事论事，同一个问题长期存在。

（2）平台营销团队执行力的问题。中国最优秀的企业之一联想集团，就曾因基层和中层执行不力而险遭崩盘。

联想在 1999 年进行 ERP 改造时，业务部门不积极执行，使流程设计的优化根本无法深入。长此下去，联想必将瘫痪。柳传志最后不得不施以铁腕手段，才杀灭企业内部试图拖垮 ERP 以保全既得利益的阴暗心态。柳传志在一次会议上大发雷霆："（ERP）必须做好，做不成，我会受很大影响，但我会把李勤（当时的联想集团副总裁）给干掉！"李勤当即站起来："做不好我下台，不过下台前我先要把杨元庆和郭为干掉！"员工执行不力对企业的影响是不容忽视的。这只是一个极端的例子，诸如此类的案例，在我们身边早已不胜枚举。

一个缺乏执行力的平台营销团队会暴露出四类问题：①人员问题：下属缺乏贯彻执行的能力；②结构问题：执行结构过于复杂，不适合贯彻执行命令；③士气问题：下属缺乏贯彻执行的原动力，或者下属贯彻执行时态度不端正；④营销团队文化问题：营销团队缺乏明确的奋斗目标或奋斗理念。

3. 提升平台营销团队执行力的对策

（1）提升平台营销团队执行力的关键。提高执行力，各级营销团队干部要切实发挥“桥梁”作用。营销团队干部的主要职责就是承上启下、上传下达，既要对上级负责，又要对下级负责；既要吃透上级精神，把领导的意图完完整整地向职工传达，又要结合实际，把落实过程中出现的问题及时全面地向领导汇报。当好营销团队干部的关键是要创新工作思路和工作方法，做好领导的参谋，及时提出合理化建议，帮助领导科学决策，并切实加强对执行情况的监督检查，确保各项措施真正得到落实。

提升平台营销团队执行力的关键在于：高层管理者做正确的事，营销团队管理者正确地做事，执行层人员把事做正确。

天底下最出类拔萃的人仿佛都挤在了营销团队，但在这个群体中，为什么有的营销团队如鱼得水、游刃有余，有的营销团队却吃不好睡不好整天提心吊胆？要知道，如今已不是“老黄牛时代”，也不是“马屁精”的天下了，必须掌握一些营销团队管理智慧，使自己的事业更上一层楼。

（2）平台营销团队执行力的“4C”培训。

1）Clarity（清晰）。清晰是管理的前提。公司的战略目标明确，并被清楚、完整地传递，确保每个末梢员工都清楚战略目标；各个部门对业绩目标十分明确；每个承担责任的员工对目标、任务、责任和标准有清晰的认识，上下各方对任务、目标、责任、后果没有任何误解和歧义。

为做到清晰，管理者在分配任务、下达指令时，要清晰地表达和传递上级的意图，还要得到下属的反馈，确保理解上的一致性。要把目标转化为下级可以理解、上级可以跟进的行动步骤；另外，在计划下达阶段就要明确衡量和跟进方式，保证在执行过程中可以衡量与监控。

2）Competence（胜任）。任务清楚了，员工还要具备完成任务所需的实际能力。员工的素质和能力也许有很多方面超出工作要求，这是能力过剩而不是胜任。素质和学历“双高”的“人才”多，细小的具体任务没人能做的情况屡见不鲜。另一方面，工作要求超出现有员工的能力，这也不是胜任。

为扩大胜任范围，管理者要有能力分解复杂任务，确保把清晰的、可执行的任务分配给胜任的员工。平台营销的管理者还要先“立地”再“顶天”：既要亲身参与实际工作，把亲身操作得到的实际案例整理成可以复制的操作模板，还要尽快离开实际操作，向下把技能传授给员工，确保技能到位，而且倍增生产力。管理者还要通过实地观察，优化流程和工具，减少对操作员工技能的依赖，增加现有员工的能力与工作的胜任范围。

3）Commitment（承诺）。清晰的任务分配给胜任的员工，为执行到位奠定了基础。然而，要确保达成预期结果，还必须获得员工的承诺。承诺不等于许诺。承诺是说到一定做到，不惜代价按期保质保量完成任务。

要获得承诺，平台营销的管理者要防微杜渐，纠正哪怕十分细小的非技能性问题，明确要求员工不可以放任和疏忽。要为员工制定明确的目标，特别是针对行为的目标，这是激励的前提，因为只有通过改变做事情的方法才能改变结果。最后，在刚性管理的前提下，适当发挥柔性的领导力，才能获得员工的承诺。

4）Control（控制）。没有控制就没有结果。清晰、胜任和承诺中的任何一项缺位都会导致执行落空，而控制是最后纠正和挽救的机会。

控制意味着及时得到执行信息，还意味着员工能及时得到鞭策和指导。要及时尽早得到关键的信息，平台营销的管理者需要关注行为和根源性信息而不仅仅是结果性信息，于是管理者要有能力分解执行过程，关注每个关键步骤的执行质量。控制要求设定关键控制点和明确衡量标准，在及时获得充分信息的基础上实施纠正手段，确保目标实现。

四、平台营销人员的绩效考核

目前，许多医药企业在对其销售人员进行绩效考核时，过分注重财务指标，而对其他方面不够重视，导致考核只重结果不重过程；同时，由于企业为了考核而考核的做法使得绩效考核与企业的整体战略脱节，起不到应有的作用。目前，一种较新的绩效考核办法——平衡计分卡已受到关注。平衡计分卡的引入可以帮助企业实现各个考核环节的平衡，同时协调企业自身发展和人才管理，为现代医药企业平台营销的绩效管理提供了一种新思路。

（一）现有考核制度存在的问题

目前，医药企业对其平台营销人员进行的考核大多以财务指标为准则，即根据销售人员的销售业绩是否达到事先设定的销量标准，来评判其是否为一名合格的员工；而对销售人员其他方面的能力、成绩关注甚少，非财务指标在考核中很少甚至不被应用。这就导致了员工个人目标与企业整体战略脱节，考核的目标不明确，使得员工对企业不能保持足够的忠诚度，人员流动率增长，人才流失现象严重，为企业保持活力进而获得持续发展埋下隐患。

（二）运用平衡计分卡进行绩效考核的优势

1. 平衡目标

（1）外部考核与内部考核之间的平衡。

（2）目标和目标执行动因之间的平衡。

（3）定性考核与定量考核之间的平衡。

（4）短期目标与长期目标之间的平衡。

2. 平衡体系

（1）财务方面，主要从股东的立场出发用于考核企业财务绩效的表现。

（2）客户方面，主要从客户的立场出发考核企业在满足客户的要求方面的表现。

（3）内部流程方面，主要从企业内部业务流程角度出发考核企业的运营表现。

（4）学习与成长方面，主要从员工的角度出发考核企业保持持续发展能力的表现，包括基础性投资和信息获取能力。

3. 平衡计分卡的作用

（1）提高员工对公司战略的认知度。平衡计分卡推动了企业战略的推广，通过实施平衡计分卡加强了部门间的沟通，同时将企业的使命、价值观与愿景、战略转化为绩效指标分解到公司的每一名员工，使每一名员工都能清晰地认识到企业的整体战略并提高对此的关注度。

（2）建立全面的绩效考核体系。平衡计分卡四个层面指标体系的设计有效地克服了传统绩效考核体系的单一性和滞后性，建立了一个较为平衡且全面的业绩考核系统，能够帮助企业实现更有效的管理，为企业带来更大的经济效益，同时也节省了更多的人力、物力、财力。

（3）加强内部的沟通与协调，促进各部门合作。企业在改进制度建设、完善业务流程的过程中，难免出现不同层级员工之间、部门与整体之间的横、纵向沟通协调问题。平衡计分卡将各部门目标联系起来，使得企业内部为实现战略目标，加强沟通与协调，全体员工通力合作，最终提升企业的整体效能。

（4）引导员工认识自己的工作价值，调动员工工作积极性。随着文化水平的提高，现在的人越来越看重工作能给自身带来的自我价值的实现，而绝非单纯为了谋生。平衡计分卡通过绩效指标之间的逻辑关系，为员工提供一个看清自己在整个公司价值体系中位置的平台，使其可以清楚地认识到自身工作对公司平衡发展的价值，从而加强自我肯定，提高对企业的责任感与归属感。

（5）确保企业战略目标的实现，有利于企业的全面健康发展。平衡计分卡平衡了企业的财务与非财务指标，实现了业务规划与财务规划的一致性，将实现指标的行动计划与指标联系起来，从而有效配置资源，确保战略目标的实现，并从战略管理的角度引领企业健康发展。

（三）平台营销人员绩效考核体系设计

平衡计分卡是以战略为主导的绩效考核体系，建立平衡计分卡的目的就是要实现“战略制导”，确保公司全体员工都是以企业的整体战略为导向开展日常工作，并将个人绩效目标融入企业整体目标之中，在努力提升个人绩效的同时保证企业的快速发展和经济效益的全面提升。基于平衡计分卡的处方药企业平台营销人员绩效考核体系包括四个维度指标，可对销售人员进行全面具体的评价，保证考核的客观、公正、有效。

1. 第一维度：财务指标的设计

财务指标首先要与企业发展战略紧密联系，并且要作为其他三个非财务指标的衡量标准，使财务与非财务绩效动因之间形成一条垂直的因果关系链，从而保证平衡计分卡四个维度的联系，确保考核指标的平衡。具体财务指标中，销售额完成率表明实际完成的销售额占所要求完成情况的比率，是衡量一名销售人员是否具有最基本的胜任能力的关键指标；目标药店覆盖率是指已覆盖的药店所销售的处方药占其全部处方药销量的比率，反映销售人员为企业创造持续价值，提升企业竞争力的能力；市场费用预算是指为提升销售额、扩大市场份额，预计所要投入的经费，是一种销售成本，是衡量销售人员工作效率的重要指标。

2. 第二维度：市场客户指标

这一指标是从客户角度出发来评价处方药企业销售人员的工作绩效。将客户纳入绩效考核体系有助于医药企业从客户需求出发，找到准确的市场定位，从而制定合理的市场战略，利于药品顺利进入市场，在为企业创造更高经济效益的同时为社会带来福音。

3. 第三维度：内部流程指标

这一指标是从内部运营的角度来评价处方药企业销售人员在工作中的表现。健康有序的内部运营系统是保障企业外部竞争能力的内因，是提高销售人员工作业绩的坚强后盾。内部运营是改善处方药企业经营业绩的重点，是实现股东价值、顾客满意、员工满意的基础。

4. 第四维度：学习成长指标

这一指标是从销售人员自我增值的角度来评价其工作业绩，从企业成长层面来评价其竞争能力的。在政策支持不断加强，竞争日趋激烈的今天，医药企业在发展中面临机遇和挑战，只有不断提高销售人员素质，增强其满意度，才能使企业获得不断发展的空间，在竞争中处于领先地位。

处方药企业在运用平衡计分卡对销售人员进行绩效考核时，要设立一个与企业及销售人员本身相适应的合理的标准值，再根据每一名员工的实际完成情况与标准值的差距对其进行打分，并结合每一项的权重进行加权平均，最后得到一个相应的分数，以评价该销售人员在这一考核期内的绩效表现。

（四）注意事项

1. 要根据行业及人员特点构建平衡计分卡

不同行业有各自不同的目标，不同岗位的人才更有各自不同的特点，在平衡计分卡四个维度的衡量指标上自然也应有不同的体现。在对处方药企业平台营销人员制定的平衡计分卡考核指标中，必须充分体现他们的特点，突出药品销售的特殊性，以店长为目标客户，并加大学习指标比重，以保证平衡计分卡的有效运用。

2. 要正确认识实施过程中的成本效益关系

为改善四个维度的指标，平衡计分卡在实施初期需要大量资金投入，而效益的显现往往滞后，甚至出现非财务指标上升而财务指标下降的局面。因此，要保证平衡计分卡的顺利实施，管理者必须正确认识其中的成本效益关系，沿着既定战略坚定地走下去，才能在未来赢得更大收获。

3. 创建和量化科学合理的绩效指标

平衡计分卡的指标确定一般采用德尔菲法或专家意见法。除财务指标外，其余三个维度的指标往往很难量化，这就要求管理者根据企业战略及运营环境仔细斟酌，制定相对合理的指标体系以保证考核的实施。

4. 要提高信息管理质量，降低中间成本

由于平衡计分卡是将企业战略层层分解落实到人，对于处方药平台营销人员来说，通过对考核指标的分析只能认识到企业的部分战略，作为管理者必须加强与销售人员的有效沟通，积极采纳一线员工的工作意见并及时反馈，节约中间环节管理成本，以便平衡计分卡得到有效实施。

5. 使用平衡计分卡要配合激励机制

适当的激励可以激发员工的工作积极性，提高工作效率。当奖励与绩效挂钩，可以最大限度地激发其潜力，更利于企业整体目标的实现。因此，激励机制的配合是保证平衡计分卡考核有效实施的重要因素。

五、平台营销团队的管理和激励

在销售管理中，营销团队的管理是最难的。如何管理和激励营销团队，是每个营销总监必须面对的重要课题。结合实际，我们认为平台营销团队管理和激励应重点关注以下三个方面。

（一）团队的组织、领导

1. 领导的作用

火车跑得快，全靠车头带。

“一头狮子带领一群绵羊”和“一只绵羊带领一群狮子”的结果绝对不一样。《亮剑》中“野狼”一样的团长李云龙，带领原本不太突出的弟兄，下面的人个个都成了精兵强将。一个平庸的领导，只会将下面的人全部变为平庸者。所以，平台营销团队领导人的管理艺术、技巧、专业技能、性格、人格魅力是一个团队是否有战斗力的关键。

2. 分工明确，职责清晰

管理的首要工作就是科学分工。只有每个团队成员都明确自己的岗位职责，才不会产生推诿、扯皮等不良现象。如果队伍中有人滥竽充数，给企业带来的不仅仅是工资的损失，而且会导致其他人员的心理不平衡，最终导致公司工作效率整体下降。

因此，必须制定清晰的岗位职责说明书，让团队各层级详细了解自己的具体工作任务和范围、对自身的能力要求、与其他职位的相互关联等信息，以指导团队人员的工作。

不但要求员工上岗时必须首先学会解读岗位职责说明书，日常工作中也要定期或不定期通过沟通和促进，让员工能为自己的工作职责努力，使他们能认识到自己工作的价值。

（二）建立层阶管理秩序

每个人的精力都是有限的，每层阶的职能也不同，所以有“1 个人最多管 10 个人”之说。如果销售团队的每个人不管大小事都向团队的最高领导请示、汇报，团队的最高领导基本上就变成了救火队队长，琐事缠身；同时，团队的各层阶主管基本上成了摆设，既没积极性，也没责任心。因此，为了提高各级主管的责任心和管理能力，确保整个销售管理链的良性运转，提升基层销售员工的团队归属感和向心力，必须在销售团队内实行逐级汇报、逐级负责的层阶管理秩序。

除非你想换掉某位主管，或者你今后真的想亲自抓该项工作，否则，千万别让员工或客户觉得他们面对的主管在你面前没“分量”，甚至被你“架空”。

1. 制定工作标准，并让团队成员知晓

有一个小和尚担任撞钟一职，半年下来，觉得非常无聊，“做一天和尚撞一天钟”而已。有一天，住持宣布调他到后院劈柴挑水，原因是他不能胜任撞钟一职。小和尚很不服气地问：“我撞的钟难道不准时、不响亮？”老住持耐心地告诉他：“你撞的钟虽然很准时、也很响亮，但钟声空泛、疲软，没有感召力。钟声是要唤醒沉迷的众生，因此，撞出的钟声不仅要洪亮，而且要圆润、浑厚、深沉、悠远。”

如果小和尚进入寺院的当天就明白撞钟的标准和重要性，我想他也不会因怠工而被撤职。工作标准是员工的行为指南和考核依据。缺乏工作标准，往往导致员工的努力方向与公司整体发展方向不统一，造成大量的人力和物力资源浪费。因为缺乏参照物，时间久了员工容易形成自满情绪，导致工作懈怠。制定工作标准应尽量做到数字化，要与考核联系起来，注意可操作性。

2. 责、权、利相统一，并公正公开

当年英国政府把国内的重刑囚犯流放到澳大利亚，并雇用一家船运公司负责运输。囚犯在船上病死、饿死、被虐待致死的不计其数，真正活着抵达澳大利亚的寥寥无几。后来政府按活着到达澳大利亚的囚犯人头数付费给船运公司，游戏规则改变后，在船运途中死亡的囚犯几乎为零，所有的囚犯基本能安全抵达澳大利亚。

管理的真谛在“理”不在“管”。管理者的主要职责就是建立一个像“按活着到达澳大利亚的囚犯人头数付费”那样的合理游戏规则，让每个员工按照游戏规则自我管理。游戏规则要兼顾公司利益和个人利益，并且让个人利益与公司整体利益统一起来。责任、权力和利益是管理平台的三根支柱，缺一不可。缺乏责任，则管理混乱，进而衰退；缺乏权力，管理者的执行就变成废纸；缺乏利益，员工就会积极性下降，消极怠工。只有管理者把“责、权、利”的平台搭建好，员工才能“八仙过海，各显其能”。

当企业把某职位当成“荣誉称号”授予团队的不同员工时，由于享受了利益，但没有承担相应的责任，销售团队内部的不公平感就出来了，正所谓“不患寡而患不公”。

3. 以身作则，做团队的表率

“正人先正己，做事先做人”。管理者要想管好下属，必须以身作则，并勇于替下属承担责任，而且要事事为先、严格要求自己，做到“己所不欲，勿施于人”。示范的力量是惊人的，领导者一旦通过表率树立起在员工中的威望，将会使上下同心，大大提高团队的整体战斗力。“得人心者得天下”，做下属敬佩的领导将使管理事半功倍。

（三）建立健全优胜劣汰的激励机制

任何一个团队的成员，其中都会有20%是上进的、优秀的；20%是落后的；中间的60%是中性的、摇摆的。当我们在团队中倡导向优秀学习，并对优秀者进行奖励，对落后者进行惩处时，那中间的60%就会向20%的优秀者靠拢，整个团队的风气就是积极向上的；否则，中间这 60% 就会向 20% 的落后者靠拢，最终优秀的人才留不住，整个团队风气就会萎靡不振。

如果在平台营销团队内经常进行各种营销竞赛，并对优胜者进行奖励，对落后者进行惩罚，甚至淘汰（奖要奖得心动，罚要罚得心痛），那团队中间的 60% 必定跟随优秀的 20%，同时团队成员之间充满竞争，整个团队就会形成积极向上的良好风气，极大地调动营销人员的工作激情。

1. 抓典型，树榜样，学榜样

榜样的力量是无穷的，平台营销团队管理也要树立榜样，包括销售过程中的典型人物、典型事例、典型操作等，并以此为参照物引领和规范销售工作，激发销售人员释放激情，更好地完成工作任务。

2. 以诚相待，主动与团队成员沟通

一些领导可能会认为，下属会主动找机会与他沟通，或者习惯性地用自己的权威打断手下的语言，在下属还没有来得及讲完自己的事情前，就按照经验大加评论和指挥。这样，一方面容易作出片面的决策，另一方面使员工缺乏被尊重的感觉。时间久了，下属将再也没有兴趣向上级反馈真实的信息。反馈信息系统被切断，领导就成了“孤家寡人”，在决策上就成了“睁眼瞎”。积极主动地与团队成员沟通，与团队成员保持畅通的信息交流，将会使管理如鱼得水，并能及时纠正管理中的错误，制定更加切实可行的方案和制度。

3. 不与团队成员争权争利，及时兑现承诺

对于平台营销团队人员的工资、奖励、提成、职位晋升、保险、福利、培训等各项承诺，团队领导都应说到做到、及时兑现，如果不及时兑现承诺，团队成员就会失去工作的激情。

同时，不与团队成员争权、争利、争功，否则最终团队将人心尽失。

4. 不仅自己要做，还应该指导团队做

提高员工素质和能力是提高管理水准的有效方式。学习有利于提高团队的执行力，便于增强团队的凝聚力。手把手的现场指导可以及时纠正员工的错误，是提高员工素质的重要形式之一。

许多中小处方药企业有个共性，在招聘业务员后，仅举行一些产品知识和入职方面的简单培训，有的甚至什么培训都没有就将业务员派往市场一线。有的业务员跟着老业务员学，有的靠自身摸索，结果自身素质高的业务员市场表现和业绩还不错，大部分则不尽如人意，有的很快就被淘汰，有的发现“自己不行，不合适”而选择了离开。营销管理者常常以为业务人员知道该怎么做，而事实上，业务员并不是不想做好，而的确不知道怎么做。

所以，平台营销团队领导不仅自己要做，还应该指导团队做才好。

5. 给团队成员锻炼与发挥的机会

每个人都希望用自己的能力来证明自身价值，团队成员也不例外。给他们更大的空间去施展自己的才华，是对他们最大的尊重和支持。

事必躬亲是对团队成员智慧的扼杀，往往事与愿违。长此以往，团队成员容易形成惰性，责任心大大降低，把责任全推给团队领导；情况严重者，会导致成员产生腻烦心理，即便工作出现错误也不情愿向领导提出。

应在合适的时机，给团队成员锻炼和发挥的机会。他们的成长，将为你的工作带来更大的贡献。

6. 给“胡萝卜”的同时，别忘了“大棒”

拿破仑一次打猎的时候，看到一个落水男孩，一边拼命挣扎，一边高呼救命，而河面并不宽。拿破仑不但没有跳水救人，反而端起猎枪，对准落水者，大声喊道：你若不自己爬上来，我就把你打死在水中。那男孩见求救无用，反而增添了一层危险，便更加拼命地奋力自救，最后终于游上了岸。

对待自觉性比较差的员工，一味地为他创造良好的软环境去帮助他，并不一定能让他感受到“萝卜”的重要，有时还离不开“大棒”的威胁。偶尔利用你的权威对他们进行威胁，会及时制止他们消极散漫的心态，激发他们发挥出自身的潜力。自觉性强的员工也有满足、停滞、消沉的时候，也有依赖性，适当的批评和惩罚能够帮助他们认清自我，重新激发新的工作斗志。

六、平台营销文化的塑造

随着现代企业制度的建立和发展，我国的企业已经逐渐回归为自主管理的经济实体。目前，处方药企业正在面临着严酷的市场选择，如何培养核心竞争力，形成独特的能够被市场所接受的营销观念和营销机制是当务之急。市场竞争的脚步已经跨过了价格竞争和质量竞争的阶段，品牌竞争的帷幕已拉开，竞争优势也随之以品牌魅力的大小为表征。没有名牌的企业将是缺乏竞争力的企业。把自己的品牌塑造成名牌，成为每一个企业的目标。面对挑战，处方药企业经营者必须站在现代营销管理的高度，探索企业营销强势发展的坚实之路，塑造良好的平台营销文化。

（一）营销文化的内涵

营销文化从本质上讲，体现了一种理念、传统和风格，它总是通过某种外在形式的表达，使消费者获得某种感受，激发消费者的情感，使消费者的精神需要得到满足。从企业的实践来看，市场导向型的企业不但不排斥文化，反而越来越重视企业文化建设；文化导向型企业不但不排斥市场，反而越来越重视营销。企业营销具有双重任务：产品的推广和企业文化的传播，企业文化与企业营销是一对孪生兄弟。

1. 平台营销的双重任务

处方药企业文化营销是企业通过营销来传播企业文化，是企业文化导入和传播的主要措施。所以，平台营销的双重任务是：推广产品和传播企业文化。传播是对外的，导入是对内的，导入和传播是一种互动的关系。从理论上讲，企业文化建设应是先导入，得到全体员工认同后再传播。但从实际情况来看，导入与传播并没有先后之分，有效导入有利于有效传播，有效传播也有利于有效导入。企业文化的有效传播可以形成一种外推力，从而推动企业文化的导入。当企业文化与企业营销有效结合后，产生一种文化营销模式，将企业文化传播给广大用户，最终得到社会大众的认可，完成产品推广和文化传播的功能。

2. 平台营销文化的作用

处方药企业平台营销文化就是从文化的深层次上研究如何使文化对营销起更好的推动作用，也就是文化营销，思想制胜。一方面是指处方药企业的营销观必须与消费者的消费观相适应，否则，产品就不能被消费者接受；另一方面是指处方药企业要提升营销理念，塑造营销精神，建设营销团队以及对营销行为进行文化包装，提高营销行为中的文化含量，使企业营销行为成为一种文化行为。优秀的平台营销文化，往往表现出一种良好的经营道德和伦理意识，为企业争得外部公众的认同，为企业赢得宝贵的社会资源。通过平台营销文化的传播，树立一流企业形象，为企业的可持续发展奠定坚实基础。

（二）平台营销文化建设中存在的问题

1. 缺乏现代营销理念

现代营销理念是营销观念的概括与升华，它源于传统的营销观念，是传统营销观念适应新的市场环境发展变化的必然结果。

（1）缺乏“真正把用户当‘上帝’”的现代营销理念，使处方药企业在营销过程中无法形成真正的营销文化。

（2）缺乏“公平竞争，互利共赢”的现代营销理念。常常把市场份额与自己相近，或战略与自己最相似的竞争对手看作商战中的最大敌人；通过降低价格击败对方，尽量使自己占领更大的市场份额，这样可能会造成两败俱伤。

（3）缺乏“网络效应与传播效应”的现代营销理念。现实社会是一个庞大的网络系统，在信息传递手段特别先进的今天，传播效应强化了网络效应，忽视这两种效应的辐射作用，则有可能被市场淘汰。强化传播效应与网络效应产生的正面作用，有效遏制其负面作用，就会有利于企业的生存与发展。

2. 文化促销不突出

（1）公关文化肤浅。一方面，处方药企业的大多数员工对企业营销文化普遍认识不足，只注重把产品卖出去，忽视营销文化在企业发展中的“龙头”作用；另一方面，营销人员专注于眼前任务，追求价格，追求利润，忽视企业长远利益，甚至很少关注患者的感受和需要，有意无意地使信息失真，无法保证自己的权威地位。

（2）广告文化雷同。广告是推销产品的一种手段，目前许多处方药企业的营销文化缺乏独特性，卖点雷同，创意疲软，失去了企业文化的个性特色；缺乏时效性，满足不了特定时期的商品宣传需要；缺乏人文底蕴，在营销服务上常常用一句话或几个词来概括，起不到诱发大众购买的动机和欲望的作用。

（3）包装文化单一。长期以来，一些企业不重视产品的包装，无论是在包装材质选择还是颜色搭配上，都缺乏明显的特征，缺乏创新和寓意；同时，在产品包装上缺乏细分，缺乏档次，缺乏文化，满足不了用户多样化的需求。

3. 营销机制僵化

（1）缺乏科学有效的市场营销决策机制。许多处方药企业存在着企业领导人凭经验拍板，市场营销人员凭感情承诺，决策不科学的现象。特别是许多企业对自己患者群的关注焦点不清楚，没有建立目标市场，没有结合自身特点去营销，缺乏决策的科学依据。

（2）缺乏市场营销激励机制。目前，许多处方药企业在营销过程中存在着随意性，严重地影响了企业营销文化的展现，损害了营销团队的形象。一些营销人员的突出表现，得不到企业的及时认同，积极性下降。还有许多企业对营销人员的文化素质和影响力不满意，对营销人员在市场中介绍企业文化、推出营销文化的效果缺少考核和激励制度。

（三）塑造平台营销文化的策略

1. 创新企业营销理念

营销理念的创新是指现代企业根据新的营销环境变化，来改变企业的经营指导思想。它是企业营销创新的导向，综合支配企业营销创新的各项活动。

（1）塑造具有企业自身特点的营销理念。应结合处方药企业自身区域或行业特点，立足营销本土化，创新市场营销理念和方法，积极应对激烈的市场竞争；把营销理念提高到企业的核心战略高度，遵循市场营销的规律，创新营销理念。

（2）塑造患者至上的营销理念。应以患者满意与忠诚度为标志，树立关系营销理念，体现更多的营销人文关怀色彩，注重与处方药使用者的交流和沟通，通过为患者服务来满足用户的需要，提高患者的满意与忠诚度，达到提高市场份额的目的。积极为患者提供可能带来价值增值的服务，培养对企业高度忠诚的长期用户，这也是企业获得竞争优势的重要途径。

（3）塑造合作共赢的营销理念。顺应时代发展，处方药平台营销企业越来越需要为竞争而合作，靠合作来竞争。合作竞争营销的理念，使拥有不同优势的企业在竞争的同时也注重彼此之间的合作，通过优势互补，共同创造一块更大的“蛋糕”，实现“双赢”。

（4）塑造互动的营销理念。应建立庞大的营销网络，实现互动式营销，通过消费者（患者）积极参与生产的全过程，使企业在获得大批量生产的同时，企业产品也能满足单个患者的独特需求，满足大众化、个性化的需要，最大限度地提高患者对产品的满意度。

2. 充分发挥文化的促销作用

（1）应提升管理者对企业文化的思想意识，重视提高营销人员的文化和技能素质，规范营销人员行为，建立患者信息库，完善选配营销人员上岗标准等，提高企业营销人员整体文化素质，建立一支与企业价值观相一致的优秀营销队伍。

（2）突出广告文化特色。广告文化应通俗、易懂，与日常生活联系在一起，反映大众化要求，满足通俗文化。应有新意，与众不同，让人记忆深刻，产生联想共鸣。

（3）在品牌设计上，应注意消费者的好恶，应与时代气息共鸣，使人联想到药品的某些特征或性能，进而提升企业的良好形象。

（4）实施文化包装策略。针对企业在产品包装上相对单一的问题，应采取分档包装、零整结合、复用包装、附赠包装和家族包装策略，满足不同消费者的需要。

3. 创新平台营销文化激励办法

（1）建立健全信息资源中心，负责信息的收集、整理、识别、分类和传递。设立专门的管理组织，编制项目招投标文件，对投资较大、涉及新领域的项目进行方案论证，评估会审，降低风险；实行科学民主决策，加强监督，建立在市场营销过程中信息对称、决策科学的有效机制。

（2）完善激励机制。有效的激励机制既具有物质激励的合理性，又兼备精神激励的有效性。应强化激励的公正性、公平性，提高营销人员的积极性；采取适度激励措施，确保企业整体营销管理成本下降；注意激励时限，使营销分配与激励机制的实际效能最大化；开拓激励途径，提高营销业绩等。通过综合运用多种激励方法，有效提高企业营销的能力和水平，促进处方药企业在市场经济的浪潮中实现大发展。

第三章　认识医药行业与药品零售终端

一、医药行业的基本特点

（一）高成长性

从本质上讲，医药行业是与生命科学紧密相关的产业，因此，它不存在成熟期，是一个永远成长和发展的行业。在世界范围内，医药行业的发展速度一般高于其他行业，而且较少受经济危机影响，在世界经济中占有重要位置。从一个国家范围来看，由于医药产品具有较高的需求收入弹性（据测算，医疗保健产品的需求/收入弹性为137%，即收入每提高100元，医疗消费水平要增长137元），因此，国家经济良好时，个人收入增长将拉动个人药品需求增加；但在相反情况下，由于药品的需求价格弹性较低，因此药品需求并不会有大幅度减少，这在国家经济不景气时表现得尤为明显。国际经验表明，由于医药行业受宏观基本面的影响较小，在国家经济处于不景气周期时，医药行业上市公司的市场表现一般要优于其他行业。从产品市场角度来看，医药行业有以下特征：

（1）产品特异性强。有道是"对症下药"，大多数药品用途专一，事关人们的健康和生命，丝毫不可混淆。药品种类繁多、各不相同，对药品市场的分析必须十分细致。

（2）需求弹性小，供应弹性大。健康人一般不会因药品价格下降而多吃药，病人一般也不会因药品价格上涨而拒绝消费，尤其是在公费医疗和保险必将普及的情况下，消费者一般不太注意药品的价格变化，但是药品价格对其供应的影响却很大，一般情况下调节供应量使之与其需求相适应。

(3) 独特的购买行为。对于绝大部分药品来说，其购买决定不是由消费者作出，而是由医疗机构作出的，其经销渠道不同于一般商品，一般消费者也不熟悉其所消费的药品。

（二）高技术性

制药产业是高科技产业，包括生物技术在内的现代科学和手段已经并将广泛得到应用。在药物剂型方面，透皮控释制剂、新复方制剂、释药器具和制剂设备新工艺的专利文献大量涌现，新剂型大大提高了药效；在药物开发方面，化学制药仍占主导地位，但随着现代生物技术的发展，生物药品的研制、开发和生产将是未来制药业的重点；在医疗器械方面，该行业作为跨学科的综合性高技术产业，与计算机科学、图像处理、精密仪器、放射科学和人体科学等密切相关。从产业投资的角度来看，医药行业有如下特征：

(1) 高新技术吸纳能力强。生命和健康是人类的第一需要，战胜疾病、维护生命和健康是人类孜孜以求的第一目标。人类社会不同时期的最新技术往往首先在军事和医药领域获得应用，而且几乎涵盖了所有的重大技术成果，如放射技术、电磁技术、计算机技术、激光技术等，无不如此。近年来迅速发展的生物工程科学和技术，也率先在医药领域获得应用并已成为未来医药行业超前发展的强大技术支撑。因此，医药行业是科技含量最高的行业。

(2) 科技成果产业化程度高。由于医药行业直接关系到人们的生命和健康，人们对疗效更好、更安全、更方便的新药的追求是无止境的，而且随着人们生活水平的提高，人们在这方面的要求越来越高，愿意花费更多的钱。

因此，一旦一项先进医药技术得以开发，则意味着新的市场需求，因而比较容易实现产业化。与其他行业相比，医药行业科技成果实现产业化的比率较高，这反过来又进一步促进了医药科技的发展。

（三）高投入、高风险性

医药行业的高投入属性在新药上要比普药表现得更为明显。普药具有生产工序简单、投入低、产品科技含量低、市场需求量大的特点。而新药的开发和生产则需要大量投入，而且生产工序复杂，研制期长。通常开发一种新药平均需要耗资 2.5 亿美元，有的高达 10 亿美元，从筛选到投入临床需要 10 年的时间。国外一些著名制药企业非常重视新药产品的开发，不惜花巨资研制新药，以提高产品的市场竞争力。他们的科技投入一般都能达到其产品销售总额的 15% 以上，瑞士罗氏公司则高达 236%，医疗器械公司的科技投入份额也在 12% 以上。科技投入和科技进步已经成为医药经济发展的“核动力”。

医药企业经营业绩悬殊，且易波动。由于药品特异性强，市场空间主要受其性能决定，技术含量高、性能好的药品往往有极其广阔的市场和优厚的价格，开发出这类药品的企业能够取得高额利润。相反，对于性能一般的药品，即使价格下降也不会增加市场规模，一旦供应量增加就意味着企业效益的快速滑坡。由于一种药品的畅销周期一般只有 3～5 年，而许多医药企业依赖于一两种产品，其风险可想而知；即使是国际上一些大公司，其业绩也经常发生大幅波动。医药行业的高风险性也非常明显，主要表现在：

（1）一种新药一旦临床中或上市后发现其有严重的副作用或药效提升有限，将很快被取代或被市场淘汰，由此造成的损失是无法挽回的。

（2）专利新药的垄断具有局限性和暂时性的特点。由于药品种类的广泛性，因此，一个企业无论如何尽其所能也只能垄断某个专利新药市场，但不可能垄断整个医药市场甚至某一类药品市场。由于专利具有时效性，这种垄断是暂时的，一旦专利保护期限解冻，竞争优势将迅速下降。随着制药技术的不断升级，药品市场也不断更新换代、推陈出新，任何一种新药在市场上都随时存在被药效更佳、功能相似、价格相近的新药取代的风险。

（四）高收益性

医药行业的高投入、高技术含量的特点决定了其高附加值的特性。一种新药一旦研制成功并投入使用，尽管前期投入巨大，但产生的收益也是巨额的。

据统计，一个成功的新药年销售额可以达 10 亿～40 亿美元；世界排名前 10 位的医药企业利润率都在 30% 左右；专利产品在专利有效期内由于能垄断该产品市场，因此，在受益期内能获得巨额垄断利润。

（五）市场进入壁垒高

由于医药商品与人类的健康和安全紧密相关，因此，世界各国无一例外地对药品的生产、管理、销售、进口等均采取严格的法律加以规范和管理。

未经等级规范论证的药品和企业很难进入药品市场。同时，制药行业高技术、高风险、高投入的技术资本密集型特征也加大了新企业进入的难度。在我国的医药产业政策中，也对市场进入作出了若干规定，对某些医药的生产和经营设立了特许制度，如毒性药品、麻醉药品、精神药品、毒品前体、放射性药品、计划生育药品由国家统一定点、特许生产，并由国家特许定点依法经营；同时还规定，外资暂不能参与国内药品批发、零售业经营。

（六）集中程度高

从世界范围来看，医药行业是集中程度最高的行业之一，首先是医药企业管理极其严格，任何新药问世以前，必须经过长期、复杂的临床试验，被淘汰的可能性极大，因而新药的研制费用极高，这是一般企业无法承担的，只有少数制药巨头才有能力组织医药的研究和开发，并因此在同行业竞争中取得优势和获取垄断利润。当前，葛兰素、默克、辉瑞等制药巨头在世界医药市场占据着举足轻重的地位，而且行业兼并势头很猛，目前世界排名前 10 位的公司占到市场总量的 1/3 以上。

（七）发展速度快

改革开放以来，我国医药行业年均增长 17.7%，已成为当今世界上发展最快的医药市场之一。2013 年，我国医药生产、销售、出口和效益继续保持了快速增长的态势。预计 2014 年全年全国药品市场总规模将达到 14913 亿元，同比增长 17.3%。

从医药需求前景来看，目前，我国人均用药水平与发达国家相比，相差甚远。随着我国人口的自然增长、老龄化比例的加大、国民经济的持续增长、医疗体制改革及药品分类管理的实施，我国医药行业将持续高速增长。

二、营销力：医药企业生存和发展的重要考量指标

（一）产品力

产品力主要体现在技术领先、成本优势、品牌影响上。公司需要有竞争力的产品结构，表现为有规模、有利润、有梯次、有特点；企业拥有产品长远的发展计划，能够满足企业发展的需要。产品储备既具市场潜力，又具市场竞争力；既能保障今天业务需要，又要满足未来业务成长。在未来的产品结构中，大品牌产品、销售过亿元的单产品、毛利高的特色产品应占主导地位。产品力是营销力发挥的基础，以市场为导向的研发能力将是企业持续发展的动力所在。有些企业的产品力很强，但没有得到充分的价值体现。

（二）营销力

未来的医药市场，产品不会缺乏，可以通过自主研发和合作开发，乃至重组等方式获得。产能也不是问题，可以通过委托加工的方式解决，低成本地使用其他企业闲置的资源。但是，市场网络一定非常缺乏，谁拥有好的营销网络、好的客户关系、好的销售队伍，谁就得到了最核心的资源，就会在竞争中

取胜。目前，短期内依靠招商的方式十分盛行，但长期一定要注意培育自己的营销能力和对社会营销资源的管理能力；并在市场、销售、模式、管理上搭建一流营销管理平台，以拥有强大营销力。

（三）品牌力

在高度同质化竞争的时期，产品、渠道、市场、手段高度一致，对客户忠诚度、归属感的培养则至关重要。品牌将会成为差异化竞争的主要手段，从而取得竞争优势和高附加值利润。品牌是优秀的产品品质和良好公众形象的总和。大企业品牌往往由大的产品品牌所造就，世界前10位的大制药企业，有6家企业拥有全球销售第一的单品。

（四）战略力

差异化、前瞻性的企业战略将使企业从领先一小步，到跨越一大步；并在总战略下制定与之配套的研发战略、营销战略、人力资源战略、国际化战略。在战略上统一思想、协调行动，使企业的愿景深入人心，企业的价值观能够与员工价值观和谐统一。企业发展能满足社会进步需要，满足客户利益、股东利益和员工利益。战略将保障企业策略的组织落实和连续性实施。

（五）运营力

缺乏工作标准，就无法考核和评价；缺乏制度流程，就无法检查与执行。运营管理是企业战略在管理中的具体体现，主要表现在协调运转的高效率，拥有制度化管理平台、优秀的管理流程、协调的组织与部门、组织化保障的责任。运营管理是战略管理的实施保障。

（六）执行力

运营力是执行力的基础，执行力是运营力的表现。提高执行力需要建立三大机制，即“责任分解、压力传递、激励与约束”。执行力需要文化做基础、制度做保证、服从为体现、速度为标志。执行力是实现一切策略的根本。

三、医药营销模式的创新

（一）药品营销模式创新的必要性

1. 现有的药品营销模式市场定位不准确

功能相同的药品，由于营销商品名不同，重复生产严重，导致一些医药企业为了抢占市场，通过给予医生回扣、赠送礼品、买一送一以及发放优惠券、体验卡、会员卡等传统营销手段开展药品营销工作。这种营销由于对顾客群体的定位不准确，企业的营销设计不能有的放矢，造成目标顾客的扩大，无形中增加了企业的营销成本。企业为了追求利润最大化，不得不在价格上做文章，从而造成药价虚高、市场无序和不正当竞争。

2. 现有的药品营销缺乏信息共享平台

同品种药品不同区域价格相差悬殊。医药营销模式的建立与持续健康发展，需要企业对市场信息进行有效的把握。如果对市场信息把握不到位，就会坐失良机。这就需要营销人员对市场进行广泛的调研。然而，现在很多企业对调研不够重视，用于营销模式调研的投入严重不足，加上专业营销调研人员缺乏，导致企业面对医改变化的市场反应迟钝。虽然现在很多医药企业都建立了自己的网站，但缺乏共享的、网络化的信息资源共享平台，造成同一品种同一规格的药品在不同区域价格相差悬殊，给国家基本药物制度的药品价格制定及支付报销造成混乱。

3. 现有的药品营销渠道不畅通

营销渠道的不畅通不利于药品配送和质量监管。营销渠道的选择直接影响到营销模式构建的成败，药品营销渠道的选择与制药企业的营销管理水平和渠道控制能力有关，好的控制能力能有效提高产品的占有率，科学合理的营销管理水平能够有效推动产品进入目标市场，为公司带来良好的收益。现有的药品营销市场是“渠道为王，终端制胜”的市场，其营销渠道和狭窄的营销网络已经不适应新医改药品营销的思路，不利于药品配送和质量监管，建立健全广泛覆盖基层的药品营销网络和配送渠道是基本药物制度的必然要求。

4. 现有的药品营销模式不注重市场策划

药品营销的关键在于策划。适应市场的策划，不但能降低销售成本，而且能迅速占领药品市场份额；然而现今药品营销方式大多采用建立办事处直营式和以省、市（区）、县为单元的代理制，实行人海战术，不注重市场策划和调查研究，虽然销售份额大，但销售成本高，利润低，不适应基本药物制度的采购配送体制。因此，运用科学的方法和手段，系统地、客观地、有目的地收集、分析和研究与医药市场有关的信息，提出适应国家基本药物制度的合理营销策划方案，是药品营销发展的正确方向。

5. 国家药物政策迫切要求药品营销模式的创新

医药卫生体制改革10多年来，国家相继出台了包括制药企业GMP认证、医药流通企业GSP认证、多次调整药品零售价格、医院用药集中招标采购、处方药和非处方药分类管理、试点医药分家以及反商业贿赂等多项医改政策。随着国家对药品管理政策的逐步完善，医药行业竞争将日益加剧，药品价格将持续走低，建立多元化、整合的药品营销模式是时代的必然要求。

（二）产品品牌化、系统化管理

1. 新版GSP等新政对药品营销策略的影响

新版GSP实施以来，各医药生产企业和医药经营企业都对此给予了很大的关注。作为医药生产企业，看似和GSP新规关系不大，其实不然。从目前的工商合作的特点来看，大部分生产企业还是依靠经营企业的渠道、网络、资源配置，一旦经营企业的发展思路发生变化，就会直接影响到双方之间的合作，也就意味着双方之间的约定内容将发生系列变化。新版GSP对医药流通企业的发展提出了更高的要求，流通企业必须变革目前的发展策略、人员构成、硬件设施和软件设施，其相应的资源配置也将随之调整，特别是渠道规划、配送路线都会因为成本因素而调整。这样，工商之间事先约定的合同内容有可能也会随之调整，工商之间可能就会改变原来的产品营销策略，按照各省份招标政策，及时调整思路，积极应对变革。

2. 产品策略创新是应对新政的有力方法

创新是企业发展的必要条件。企业不能及时创新自己的经营思路，在面对新政频繁的新形势下将很难保持持续的竞争力。新医改、基药（即基本药物）和非基药招标、产品限价、抗生素限购、新 GSP 和新 GMP 等新政策的不断推进，将对企业的发展带来很大的影响。而产品是企业发展的保证，特别是创新型产品是企业永葆竞争力的砝码。产品策略的及时跟进，将使企业如虎添翼，使工商之间的合作更加紧密。

究竟产品该如何创新？应该从以下几个方面入手，如分类管理、薪费两清、合理规划、落实到位。分类管理就是把企业的传统产品和创新型产品分开，普药和新药分开，营利性产品和非营利性产品分开，基药产品和非基药产品分开等。薪费两清主要是对经销商和内部人员管理方面要做到薪酬和费用彻底区分，避免考核和绩效概念模糊，使产品促销丧失竞争力，杜绝职务侵占和促销费用浪费。合理规划就是要根据产品特点进行合理布局，辅之以独特的考核方案，长短线结合，确保工商之间合作的持久性。落实到位就是要明确内外部职责，明确工商之间的合作原则和权、责、利。让产品策略的每一次变革都能不打折扣地执行下去，确保变革机制畅通，这样才能有效应对新版 GSP 等新政对双方合作带来的影响。

（三）渠道扁平化、多样化

1. 新版 GSP 等新政对传统营销渠道的影响

新版 GSP 对经营企业的硬件设施提出了很高的要求。作为流通企业，为更好地服务于基层医疗机构和药店终端，肯定会对自己的营销渠道、配送半径、服务能力等进行合理规划，特别是《全国药品流通行业发展规划纲要（2011—2015 年）》中明确要求，要创新药品经营模式，鼓励批零一体化经营，鼓励药品零售企业开展药妆、保健品、医疗器械销售和健康服务等多元化经营，满足群众自我药疗等多方面需求。支持连锁经营、物流配送与电子商务相结合，提高药品流通领域的电子商务应用水平。鼓励经营规范的零售连锁企业发展网上药店。这都是渠道扁平化和多样化的特点。正是这些特点，在新版GSP等新政不断实施以后，作为医药企业，其传统的营销渠道将会发生系列的变化，如改变传统的一级代理、二级配送、三级拉动、坐地招商等模式。

2. 渠道扁平化、多样化是企业渠道选择的必然

传统的营销渠道基本上是“互惠互利”的模式，要么是工业企业过度依赖商业企业，要么是商业企业被工业企业控制，要么是企业通过招商来实现其产品的销售。其中，招商的模式实际上是“把自己的孩子交给别人养”，长此以往，企业会失去市场控制权和话语权。因此，新政实施以后，工商企业面临着一系列的挑战，如果不能及时转型升级，不能突破传统的营销思路，不能在渠道上进行创新，就会导致营销组织疲软，营销系统就会出问题。为此，作为工业企业，在渠道上要尽量扁平，垂直管理，减少环节，大胆创新，敢于突破原有营销体系，按照产品分类，重新梳理代理商，重新进行资源配置；作为商业经营企业，渠道的设计要多样化，要有配送（普药）、有终端（创新OTC）、有招商（创新药）、有自营（总代理品种）。通过这种渠道设计，化解工商之间的合作风险，也给自己搭建一个相对完善的营销平台，使企业保持良好的行业竞争力。

（四）人员配置垂直化、科学化

1. 新版GSP等新政对企业人员设置的规定和影响

人员是营销组织的血液，营销组织健康与否，直接影响血液系统的良性循环。对于企业来说，人员配备的科学化是关系企业的运营成本、盈利水平、运营效率、社会影响力、行业竞争力等因素的关键。新版GSP等新政的实施，对企业的运营成本提出了严峻考验，特别是新的行业物流规范出台以后，企业的规模、组织架构、营销通路、资源配置等都需要进行改革。尤其是国有大中

型企业，历来打的是人海战术，组织机构臃肿，员工内部关系复杂，导致运营效率低下。随着新政的不断实施，企业营销人员的设置必将进行新的调整，否则将很难适应行业的发展要求。

另外，对一些以临床推广为主的工业企业，传统的“代金销售”将不得不按照合法化的要求进行重新设计，即向学术营销转型，对人员素质的要求将会很高，一些以“公关交际”为主的队伍将会被学术能力强、推广能力强的营销队伍代替。与此同时，一些处方药企业不得不进军零售终端市场，导致人员配置结构发生了根本性的变化。而传统的人员密集型的医药经营企业，随着现代化、信息化设备的投入，将出现员工闲置的状况，迫使企业对人员的配置进行系列调整，以适应行业的发展要求。

2. 垂直化、科学化人员结构设置的重要性

从平台营销工作的实际情况来看，垂直化、科学化相结合的人员配备是目前最高效、最节约、最合理的人员配备模式。渠道扁平化、组织结构垂直化、人员数量合理化、管理模式科学化将是新时期的营销资源配置特点。这就要求企业根据营销模式及时调整人员配置，但不论如何调整，都要坚持一个原则，即确保营销组织的效益最大化。只有这样，才能有力应对新政实施带来的系列挑战。

（五）绩效考核综合化、合理化

1. 新版 GSP 等新政对传统营销考核的影响

企业的绩效考核工作，既是检验营销政策实施结果的重要环节，又是企业营销组织的推动力。传统的营销考核有如下几个特点：惩罚比奖励多，期望比结果多，期权比实际多，承诺比兑现多，流产的比生产的多，原则性比灵活性多，等等，导致营销组织效率低下，各企业也在频繁制定绩效考核原则，甚至重金聘请所谓的绩效考核专家进行长期辅导，其效果却并不理想。随着新版 GSP 等新政的实施，企业的营销活动必须适应行业发展的要求，一个合理的、科学的、灵活的、实用的考核方案对企业来说至关重要。

2. 绩效考核的变革是企业营销变革的稳定剂

在考核上，建立以利润为导向，以客户为中心，实行利润逐层分解的考核办法，以综合考核改变以费用养市场的营销方式；同时，改变费用支付方式，所有费用既可以由企业平台层面统一支付，也可以委托第三方专业公司支付，杜绝中间截留。物流配送主要考核覆盖率；终端主要考核库存消化速度；招商主要考核客户忠诚度，以及累计进货频次；自营主要考核利润等。以全新的理念和全新的营销手段，彻底改变企业的销售现状。

企业营销革命是一项长期的战略工程，因此，改革中要明确重点，长线运作。在具体实施过程中，领导和团队要高度协调，各级管理人员和业务人员要明确工作重点，抓大放小，做到方向和措施紧密结合。同时一定要注意专业分工和平稳过渡，建立换人不换市场，换市场不换责任等长线机制。综合国内多数企业的营销活动规律，短期的营销变革只能改变一时，只有系统策划、深入变革、长线控制，才能在变革的每一个环节取得实效。此外，企业一定要立足长远，痛下决心，从产品入手，全力推进变革，避免营销工作成为企业发展的软肋。

四、医药市场的变局与营销走势

对医药行业来说，近几年的发展可谓喜忧参半。

一方面，《医药工业“十二五”发展规划》、《医疗器械科技产业“十二五”专项规划》以及《国家药品安全“十二五”规划》等一系列规划的公布，促使整个医药行业面临极大的发展机遇。同时，商务部和工信部提出的支持、鼓励医药企业做大做强的政策也使得行业内面临优异的资源整合机会。未来10年将是中国医药行业的黄金时期。然而，另一方面，2013年6月底爆发的葛兰素史克（GSK）在中国涉嫌经济贿赂风波引起了整个医药行业的动荡，事件持续发酵，并先后卷入了礼来、阿斯利康、赛诺菲等多家跨国药企，将整个医药行业卷入反商业贿赂的漩涡中。随着国务院40号文和党的十八届三中全会决定的推出，医药行业的政策环境出现了一定程度的改善。2013 年政策环境整体上呈现出年头高、中间低、年尾回升的走向。那么，在这种环境下，今后几年医药行业将呈现怎样的趋势呢?

今后几年，基本判断是“药不给力，非药将发力”。一方面，行业依然处于缓慢周期，在 2014 年基药招标大年，“重价不重质”仍是主旋律，将继续加剧竞争格局的变化。同时，一直困扰市场的中成药、麻精药及原研药降价“靴子”也即将落地，因此，在今后几年里，企业利润方面的增速将面临很大挑战。另一方面，从行业发展角度看，老龄化等支撑行业的刚性需求基础依然没变，因此有望发力的将是医疗服务业（政策支持、社会办医等）、医疗器械（医院扩建需求增长）以及中药大健康等领域。

（一）医药行业兼并重组将加速

在新医改环境中，国家希望加快产业集中度的提高和管理升级。按照新修订的 GMP 要求，2013 年，所有医药高风险企业必须通过认证，2015 年，所有药品生产企业必须全部实施认证。血液制品、疫苗、注射剂等无菌药品的生产应在 2013 年 12 月 31 日前达到新要求，否则将一律停产。通过并购重组，优胜劣汰等方式进行产业链的整合，有利于解决产业集中度偏低、企业产品同质化等，推动行业的快速发展。随着认证推行工作的深入开展，我国医药行业将迎来新一轮的“大洗牌”，今后几年，兼并重组或是医药行业的大趋势。

所有行业政策的发布、执行，目的都在于提升行业成熟度，以利于管理，以利于人民群众的合理需求，所以，对于药品零售业其实道理是一样的，提升行业集中度是为了更好地规范和管理，方便为人民群众服务，卖好药、卖疗效、卖服务。

总体来讲，药品零售业面临洗牌主要来自于政策导向（以新版 GSP 为代表）、降价危机、成本上涨、门店饱和、电商爆发、竞争加剧等因素影响。医药企业也在顺势进行调整，应对策略包括寻求合适替代产品、尝试关联性转型、关注电商发展与资本运作，以顺应产业发展。

（二）大健康产业将继续发力

与医药类中药品 OTC 投放整体明显下滑不同的是，大健康领域的相关产品则在近几年保持了稳定的投放。高端滋补类产品在中央电视台的投放明显增长，并开始显现对长秒广告的青睐。

来自中央电视台 2013 年招标品牌中标额排行榜的数据显示，医药类公司中，最终跻身前 60 位的仅云南白药和广药集团两家。云南白药以 1.9769 亿元排名第 9 位；广药集团以 5 500 万元排名第 57 位。在一些分析人士看来，广药集团投放 5 500 万元拿下的《新闻联播》后标版第四单元正一位置，即将用于王老吉凉茶的广告投放。此外，广药集团成功续签中央电视台综艺频道收视冠军节目《开门大吉》，也意在为其大健康产品王老吉凉茶做宣传。

在传统 OTC 医药企业参与中央电视台黄金广告的热情逐年减退之时，相关大健康企业之所以有这样的底气，得益于业内对大健康产业前景普遍看好。

数据显示，我国大健康产业前景巨大，美国 2011 年大健康相关人均消费为 100 美元，而我国同期人均消费值仅为 7 美元。2013 年，我国大健康产业规模接近 2 万亿元，2016 年，预计将达到 3 万亿元，到 2020 年，国内大健康产业的产值规模有望占到 GDP 的 10% 以上。

面对这一巨大的“蓝海”市场，越来越多的企业纷纷开始在大健康产业上布局。近几年来，同仁堂、云南白药、马应龙、片仔癀、滇虹药业等纷纷向“大健康”转型。

大健康来袭对零售产业的升级转型也有一定的积极意义。对零售企业来说，风投、上市、圈地可以短期快速实现规模效益，但不一定能解决门店盈利问题。而转型大健康，极大地丰富了产品结构，相比药品提高了毛利率，但单纯的高毛利并不一定是其获利的关键，只有把产品和服务有机结合，不断提高医学、药学附加值，让消费者获益，从而赢得市场，才是核心所在。

（三）新药研发转型成趋势

长期以来，国内医药行业由于技术、资金等方面的不足，在创新药研发方面相对滞后，导致行业整体水平远远落后于发达国家。随着国内市场的不断扩张和政府部门的高度重视，国内新药创制受到了多方关注和支持。业内人士指出，我国医药产业已经悄然开始向新药研发转型，新药研发已经被很多公司提到议程当中，有望在“十二五”期间获得重大突破。

截至目前，国内新药研发确实已取得了一些成果，已有10多个产品拿到一类新药证书，20多个正在申报，还有500个左右的新药在研发中，相信未来产品格局将会进一步优化，也有助于打破新药进口垄断状况。至于新药研发的策略，应向精细化、微创新转变，有效降低研发成本、控制风险，进一步缩短研发周期，提高回报率。

随着医改政策的深入，医药行业有望改变过去重营销、轻新药研发的战略，在新药研发领域有所突破，打破进口新药对市场的垄断。

（四）医药电商的发展如火如荼

海尔集团董事局主席兼首席执行官张瑞敏认为，未来的商业是与顾客零距离的时代，传统企业要么触网要么死亡，这是互联网经济时代传统中国制造必须思考的转型思路。

医药电子商务领域逐渐成为医药流通、医药制造企业向往的热土，以天猫医药馆为代表的医药电商平台发展得如火如荼，包括马应龙、广州药业、云南白药、同仁堂、东阿阿胶、九芝堂、上海医药、吉林敖东、太极集团在内的数十家上市药企的产品均已现身线上销售平台。

马云的阿里巴巴、淘宝已经证明电子商务的成功，不同点在于它们经销的是日用品；对于药品来说，药品的本质属性也是商品，特殊表现在于安全性、有效性上，所以对于非处方药、医疗器械乃至保健品，其在电子商务的前景是可以预测的。

O2O 是当下最热的概念，是移动商务的集中体现，互联网与传统商务结合实现电子商务。每年的“双十一”屡创神奇让人记忆犹新，其间一些药房电商旗舰店确实也取得了不错的业绩，但并不代表说都要轰轰烈烈地去搞电商。实际上，医药电商起步较晚，在 2012 年才真正得到规模化、系统化的发展。截至 2013 年 11 月底，获得医药网上零售类 C 牌的 114 家企业中有近 80 家开展业务。同时，天猫医药馆、京东医药城、国药商城也纷纷挂牌上线，相信这些大型专业电商平台的介入会大幅度推动交易量和参与人群。因此，传统医药企业应持积极开放的态度，多关注医药电商的发展，并结合自身条件尝试不同程度地参与。正因为行业各环节的关注，无形中加大了这方面的投入，市场规模也会得到进一步扩容。如果说，医药电商在 2012 年的 15 亿元只是试水，那么，这场战争在 2013 年才真正开始，2014 年及今后几年将进一步爆发。

（五）传统广告投放热情锐减，新媒体营销受宠

2013 年 11 月 18 日，被誉为“中国经济晴雨表”、“中国市场风向标”的中央电视台 2013 年黄金资源广告招标竞购大会在京举行。与家电、饮料、白酒等行业的争相豪掷相比，曾经“风光无限”、投标“大户”的医药企业今年却格外“低调”。在参与招标的数百家企业中，今年仅有云南白药、广药集团两家药企的中标金额进入前 85 位。去年以 1.5 亿元的代价买下《焦点访谈》广告时段的“感康”，在今年已经见不到昔日豪气的身影。

一份非官方的 2014 年 CCTV 招标行业排名显示，药品行业中标不足 2 亿元。而在 2012 年和 2011 年，这一数据曾经分别为 3.7 亿元和 7.02 亿元。有统计显示，医药这一央视广告招标中曾经的霸主，已经跌落至第 12 位，排在家用电器、饮料、交通运输、食品、通讯、啤酒、银行、日化保健、商业零售、服务和酒类之后，占全行业中标金额的比例也仅为 2.13%。

现场招标 OTC 遇冷的情况并非偶然，主要存在以下几方面的因素：首先，药品价格不断调整，OTC 终端增长不力，使得企业在营销战略上更为审慎；其

次，药品广告从严整治是大势所趋，从一度热议的 OTC 广告禁令可窥一斑，也在一定程度上促进企业营销模式的转变；最后，电视媒体百家争鸣，央视长期受到各地方台的“围攻”，收视率和影响力不如以往，对医药广告的审核日益严格，以及电视广告效用不断降低等，也是原因。此外，新媒体投放大行其道，对传统广告形态有较大影响，直接造成原有广告份额的分流。

目前，不少企业的广告投向趋向于新媒体，资源比例向新媒体倾斜。传统媒体在传播效果上受到新媒体的冲击，或者说新媒体将逐渐取代传统媒体。新媒体营销是大势所趋。因为新媒体适合了现代人的消费习惯和消费品位，特别是移动新媒体将碎片化的时间充分利用，让目标受众无时无刻不在关注，传达率和关注度大大提升。

例如，一些企业开通微信公众账号，建立微信营销平台，甚至与热播大剧进行情节植入，推动企业品牌在整个行业的影响力。同时，在微信的自行管理上，建立分部门、销售区域的微信群，将营销管理和品牌传播融为一体，建立一种便捷、及时性的管理工具。

随着医药广告审核日益严格，媒介成本继续走高，广告效用不断下跌，新媒体传播的优势逐渐凸显，同时，一些药企先驱在新媒体方面的尝试积累了经验并尝到甜头，新媒体营销成为药企传播转型的一个重要选择。

五、药品零售终端概貌

（一）药品零售及其活动

1. 药品零售的含义

《中华人民共和国药品管理法》中关于药品的定义是：“药品，指用于预防、治疗、诊断人的疾病，有目的地调节人的生理功能并规定有适应证或者功能与主治、用法和用量的物质，包括中药材、中药饮片、中成药、化学原料药及其制剂、抗生素、生化药品、放射性药品、血清、疫苗、血液制品和诊断药品等。”

零售（retailing）一词源自法语动词 retailer，意思是“切碎（cutup）”，即大批量买进并小批量卖出。

《药品管理法实施条例》中，零售是指“将小批量产品直接销售给最终消费者”。药品零售是指将药品和服务直接销售给最终消费者，从而实现药品和服务价值的一种商业活动。研究药品零售的概念是理解药品零售理论知识及掌握药品零售技能的基础。

药品零售与现代人关系非常密切，已成为人们生活中的一个组成部分，很难想象有谁不是消费者。在当今白热化的市场竞争和迅速变化的药品零售环境中，经营者求生存、谋发展而作出的决策自然是极具挑战性的，因为抓住机遇、成功决策就会赢得消费者，从而获得巨额的资金回报。因此，要努力获知更多的药品零售知识，以增强在商业活动中运用经营管理的技能。

2. 药品零售要点

（1）药品零售是对最终消费者的活动。药品零售活动与医药生产企业和批发商的活动相比有不同的对象。医药生产企业和批发商活动的对象主要是制造者和转售者，他们购买药品的目的是生产加工和再出售；而药品零售是向最终消费者出售药品，最终消费者购买药品的目的是自己消费。

（2）药品零售向最终消费者既出售有形的药品，同时又出售服务。药品零售伴随着药品的出售还提供劳务，如送货、用药咨询等。

（3）最终消费者是指购买药品或服务的具体消费者，包括个人及社会组织。

（4）药品零售是药品流通的最后一个环节，药品一旦出售就表明药品离开了流通领域，进入了消费领域。药品零售企业在一定意义上应该研究药品如何才能以最短的时间、最低的成本去满足消费者不断变化的需求，使药品以最快的速度从流通领域进入消费领域，提高企业的经营效率。

3. 药品零售活动

（1）药品零售活动范围。药品零售不仅仅包括出售有形的药品，也包括出售服务。这里的服务，可能是随着出售有形的药品而发生，如药师为患者进行的用药咨询等。

并非所有的药品零售都是在药品零售企业（俗称药店）中进行的，换句话说，没有药店，或不在药店里也能出售药品和服务。无店铺药品零售有自动化药房、网上药店等。

药品零售不仅由药品零售企业进行，当医疗机构将药品和服务出售给最终消费者时，也起着药品零售企业的作用，执行着药品零售企业的职能。一般来说，在当今生产力水平不断提高的条件下，市场经济为企业提供了广阔的经营舞台，各个企业有其基本职能，但也有其非基本职能。我国医疗机构也承担着药品零售职能，其属于非基本职能，不能认为是药品零售企业。

（2）与生产活动和批发活动相比，药品零售活动有如下特点：

1）交易次数多，每笔交易金额小。由于药品零售主要面对的是数量众多的个人消费者，在一定时间内交易次数比较多，但每次的需求量少，平均每笔交易金额有限。因而，药品零售企业要批量购进，零散售出。而医药生产企业和批发商的活动则是批量购进，批量售出。药品零售活动的这一特点，要求药品零售企业对进货和每一笔交易中涉及的费用，如采购、仓储、运输、送货等，都要进行严格的控制。

2）现货交易。消费者通过到药店现场选购或在网上下单，能够一次性完成交易。而医药生产企业和批发商的活动多为看样订货，期货交易。药品零售活动的这一特点，要求药品零售企业必须重视和做好市场需求预测，购进适销对路的，最好是畅销的药品，否则会造成药品积压。

3）交易中消费者自主性强。消费者去药店时，一般情况下是有明确的购药目的，但事先已确定购买某品牌药品的消费者只占一定比例。在很多情况下，购买意向明确的是所购买的药品应具备的适应证，至于购买哪个药厂生产的药品，意向是不明确的，多为即兴购买。这就要求药品零售企业重视店面风格、药品区域布局、售药环境等方面的设计。而医药生产企业和批发商的交易活动则是严格按计划交易的。

4）药品品种多，有广度和深度。当今市场变化快，消费者的需求呈多样化、个性化和层次化。面对这样的特点，药品零售企业为满足消费者的不同需求，经营的药品种类就要既有多样性，又有较多的畅销品种。即药品零售企业应视市场供求变化，提供的药品种类应具有一定的广度，某一品种也要具有一定的深度。而医药生产企业和批发商多为专业化的药品生产者和经营者，一般只向用户提供单一的或数量有限的药品种类或品种。

5）药品零售活动途径多。药品零售活动可以在药店内进行，也可以无店铺进行。药品零售企业可以利用现代营销手段降低成本，适应各种需求。而医药生产企业的生产活动需要有厂房、设备等，批发商必须有仓储设施、药品样品室等。

总之，药品零售活动具有与药品生产企业和药品批发企业不同的经营运作方式，药品零售具有自身的规律和特点。

（二）药品零售企业

1. 药品零售企业的概念与地位

（1）药品零售企业概念。《中华人民共和国药品管理法实施条例》中对药品零售企业的定义是“指将购进的药品直接销售给消费者的药品经营企业”，“药品经营方式，是指药品批发和药品零售”。药品经营企业的定义是“指经营药品的专营企业或者兼营企业”。

可以看出，药品零售企业是指从事药品零售活动，将药品和服务出售给最终消费者的一种商业企业。日常生活中，人们习惯把药品零售企业称为“单体药店”，把药品零售连锁企业称为“连锁药店”。

（2）药品零售企业的地位。药品零售企业处于连接医药生产企业、批发商和消费者的分销渠道中的最终业务环节（见图 3－1）。在现代社会经济活动中，药品从生产领域经过流通领域向消费领域转移的过程中，除药品零售企业外，也有其他行业的部分企业从事或兼营药品零售业务，如目前的医疗服务业，不仅承担了诊疗服务的基本职能，也承担着药品零售职能；还有部分其他行业的零售商设立药品零售柜台兼营非处方药（简称 OTC 药）中的乙类，直接出售给最终消费者。批发商从医药生产企业批购药品，其中也有医药公司开办零售药店的，也可以将药品直接出售给最终消费者。

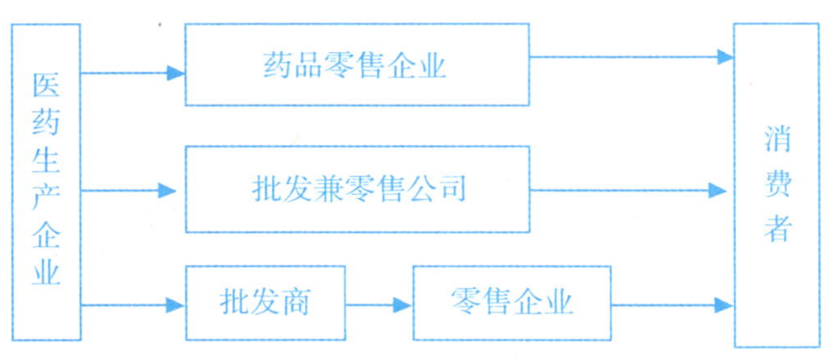

图 3－1　药品零售在分销渠道中的地位

2. 药品零售企业的职能

药品零售企业处于社会再生产过程中交换环节的终端，承担着组织药品销售，将药品从流通领域转入消费领域的使命。为完成这一使命，药品零售企业既要不断满足各类消费者的不同需求，还要调节生产与消费在时间、空间、数量、品种和信息沟通等方面的矛盾。因此，药品零售企业的基本职能为组织药品零售，具体体现为四大职能：

（1）组织药品的职能。消费者为了生存，需要多种药品，由于时间、空间、数量、质量、品种和信息沟通等原因，消费者个人不可能自己寻找医药生产企业，购买自己所需的药品。医药生产企业是一个大群体，每一家医药生产企业只能生产其中较少的药品品种，而且数量较多，一般的情况下，只能批量销售给批发商或其他供应商，尽快回笼垫支的资本并取得盈利。在这种状态下，必然存在产销之间的矛盾。为解决这一矛盾，药品零售企业必须行使组织药品的职能，首先代替消费者垫支资金，从医药生产企业、批发商甚至其他供应商那里大量购进药品，并按照消费者的需求分类、组合，使消费者不仅能方便购买，而且在药店里需求能得到满足。

药品零售企业组织药品的职能，使生产的药品能尽快转为消费。药品制造业越是发展，对药品零售业的依赖也就越大。

（2）储存药品及承担风险的职能。药品零售企业的采购是批量购进，零散售出。为此，药品零售企业为了满足消费者随时购买药品的需要，必须储备一定数量的各种药品。但是药品在储存期间会伴随着各种风险，如数量过多或过少的积压与脱销、药品的自然损耗、药品被窃及药品的有效期等问题。

（3）提供药学服务的职能。药品零售企业对消费者具有服务职能。提供药学服务是药品零售企业组织药品销售过程中不可或缺的部分，尤其是同质化显著的药品零售业，在市场竞争中，药品的品种和质量的优势日益弱化，竞争优势显著的一个特色体现在药品零售企业所提供的药学服务活动上，因此，药品零售企业在药品销售过程中要特别重视向消费者提供优质服务。药店提供的服务包括三个方面：基本的商业服务、初级的医学服务、专业的药品服务。

1）基本的商业服务。基本的商业服务是指药品零售企业在药品销售过程中向消费者提供的方便、快捷的服务。基本服务包括设立服务项目和增设辅助设施两个部分，服务项目包括退换药品登记、开具发票、办理会员卡、为顾客包装产品等。利用辅助设施提供服务，包括提供顾客休息坐椅、存包柜、导购台与导购图、婴儿车等，以及提供老花镜、针线等便民工具，目的是实现顾客方便快速地购买到所需药品，达到顾客满意。另外，药品零售企业还要为顾客营造舒适的购物气氛和良好的视觉环境，也属于商业服务。

2）初级的医学服务。初级医学服务涉及保健服务、康复服务、咨询服务、医疗服务等。保健服务包括药店提供的健康检查、洗面美容、推拿按摩等；康复服务体现在药店为顾客提供测量体重、测量血压等器材设施，以及提供具有理疗功能的器材设施，让顾客充分地体验；咨询服务包括为顾客提供有关疾病情况的解答与沟通交流，通过面对面的互动方式满足顾客的需要；医疗服务是指部分药品零售企业采取的“药店＋诊所”的经营模式，这种经营模式以为顾客提供诊疗服务为辅，以提供治疗所需的药品为主。

3）专业的药品服务。专业的药品服务主要体现为对症药品信息服务、普及性药品知识服务、药品加工服务等。对症药品信息服务体现在两方面：一是执业药师与顾客进行一对一的针对性的咨询服务；二是店员在销售前对顾客的询问、销售中对相关药品知识的解答、销售后对消费者使用药品进行的提醒和嘱咐的服务。普及性药品知识服务包括提供药品真假辨别样品、药品知识宣传、药品知识讲座以及提供报纸和刊物。药品加工服务包括熬药、分装等销售后的附加服务。

4）讲究诚信的职能。药品零售企业的药品销售和服务要面对众多的消费者，接受消费者的最终评价。从一定意义上说，市场经济条件下的经营要靠诚实，讲信用才有竞争优势，只有诚实经营才能取信于消费者，如药品质量信得过、价格合理。诚信是药品零售企业求生存、谋发展的根本之道，对消费者要讲诚信，对医药生产企业、批发商也要讲诚信。这样，消费者、医药生产企业与批发商对药品零售企业才有信心，药品零售企业才会有良好的社会形象。

3. 药品零售企业活动

药品零售企业活动是指药品零售企业的商业性活动，即将药品和服务出售给消费者进而使药品和服务的价值得到实现的商业活动。这一活动内容丰富，主要包括以下几个方面：

（1）筛选和组合药品。为满足消费者需求药品的多样性、交易规模小与交易频率高的特点，药品零售企业必须为消费者筛选出种类众多的药品，并对货位布局、品牌、规格和价格等进行组合，以方便消费者购买，使消费者在一个营业场所内有充分的选购余地。

药品零售企业在提供药品组合的同时，应实行专业化经营。某药店可以只为消费者提供某一方面的药品组合，如按疾病类型组织产品。如只销售与糖尿病患者相关的各种产品，形成某一专类药店的市场定位。

（2）分装和整理药品。医药生产企业和批发商在向药品零售企业发运所采购的药品时，为了降低运输成本，总是将整箱、整盒或整包的大包装药品运输给药品零售企业，而消费者每次购买的数量少。为适应消费者需求及购买特点，药品零售企业必须对整箱、整盒或整包的药品拆开、整理，才能零售出去。

（3）仓储和养护药品。药品零售企业从医药生产企业那里是批量购进药品，但药品只能零散销售，因为消费者大多时候是在需要用药之前才购买，并且习惯零星购买，对于不常用的药品，消费者不愿多买，以免失效。为了保证消费者在需要时能买到药品，药品零售企业一般都要存储一定数量的药品。仓储药品数量多少才合适，既不会脱销，又不至于积压或造成损耗，要视市场供求状况而定。

（4）提供零售服务。提供服务是药品零售企业组织药品销售过程中不可或缺的活动。由于药品的同质化，所以在市场竞争中药品的品种和价格优势日益弱化，药品零售企业之间的业务竞争优势多反映在提供服务活动上。因此，药品零售企业在药品销售过程中要特别重视向消费者提供优质服务。为消费者购买和使用药品提供方便，如营造良好的购物环境、设置货位指示图、无理由退货、向消费者提供用药信息等服务。提供优质服务已成为药品零售企业竞争的有力武器，谁在药学服务活动上被消费者认可，并成为一种品牌优势，那么谁就能赢得消费者。

（5）销售药品。药品零售企业从事一切活动都是围绕着药品销售这个中心进行的，药品零售企业不是药品的制造者，它所购进的药品也不是为自己使用，药品零售企业买进药品是为了再卖出。显然，销售药品是药品零售企业所有活动中最为关键的一环；前面列出药品零售企业为消费者提供药品组合、仓储保管药品和提供服导等都是药品销售的基础性活动，药品销售不出去，上述活动毫无意义。因此，药品零售企业从采购药品开始就必须考虑到该药品是否能较快地销售出去，是否盈利。药品零售企业只有通过向消费者提供药品组合、仓储保管、提供服务和促进销售等活动，才能被市场认可，才能得到顾客的认同和接受。这时药品零售企业为卖而买，顺利实现“买是为了卖”的良性循环，其药品和服务也实现了价值和使用价值。

（三）药品零售业的作用

近年来，药品零售业是中国发展变化最快且最具活力的行业之一。药品零售业从事的经营活动与消费者密切相关，以至于几乎每个人都能感受到中国药品零售业的发展。发达国家最现代化的药品零售经营业态先后在中国出现，中国的消费者可在宽敞、明亮的药店里享受购药的方便。药品零售业可以反映一国人民生活水平发展的情况，是国民经济流通领域产业中的重要行业。

20 世纪末，我国提出了“大市场、大流通、大商业”的观念，拓宽了流通渠道，对我国工农业生产及商业发展起到了很大的促进作用。药品零售业通过向最终消费者销售药品，使药品进入了消费领域，实现了药品的价值，并促使了社会再生产过程顺畅。药品零售业与人们生活息息相关，在满足人们生活需要、吸纳就业、稳定社会等方面都有明显的作用。药品零售业通过药品零售活动，展示了一个地区或一个国家的政治、经济和文化的状况。药品零售业提供的药品丰富程度和购销过程中的礼仪、语言、市场秩序等，都生动地展示了这一时期生产力水平、人们的文化素养和道德水准及市场管理水平等状况。

从我国整个医药产业结构上考察，不难发现，长期以来，特别是在计划经济年代，流通产业的比重较低，制造业比重较高，产品需要经过很长的批发路线才能到达零售商那里。但是，随着国民经济信息化、服务化、国际化的发展，工业化社会向信息化社会、服务化社会和国际化社会转变，制造业在国民经济中的主导地位受到削弱，制造业的比重呈现下降趋势；批发和零售等流通产业上升很快，产业结构的中心发生了倾斜。

综观我国的医药产业结构，基本上可归纳为两种模式。计划经济时期产业结构大致呈现“T”型结构，制造部门的比重很大，批发业扮演很长的流通渠道的角色，零售企业虽然肩负着将产品销售出去的重要使命，但比重也是较低的。改革开放以来，产业结构逐渐转变为“土”型结构，药品零售业的地位提高，作为流通渠道的批发商环节减少，生产与零售的距离缩短，零售企业的比重大幅度增加。在“土”型模式下，零售商所掌握的丰富市场资源逐渐影响其他产业部门。在这种模式下，流通企业不再是被动的，生产与流通的关系发生了根本性变化。

（四）我国药品零售业现状与发展趋势

1. 发展概况

计划经济年代的药品零售只有医疗机构才有资格，药品经营企业实行全国统一规划，省以下统一管理，药品计划调拨，经济统一核算，购销实行“三级批发，一级零售”，层层下达指标，层层调拨。这种经营形式一直延续到20世纪80年代。20世纪80年代中期以后，除国营医药公司外，出现了专门从事药品经营的个体户，表现形式是挂靠在某个医院或者是某个政府机构上。医药零售业份额逐步扩大，由20世纪80年代的5%升至近几年的20%左右，一些经济发达的地区零售市场占到当地医药市场的30%以上。

中国第一家药品零售（连锁）企业“中联大药房”成立于1995年5月，揭开了中国药品零售（连锁）企业的序幕，随后国内相继出现了海王星辰、开心人、老百姓、金象等一批跨地区开设门店的药品零售连锁企业。

截至2013年上半年，全国共有药品零售连锁企业3 460家，下辖门店157 607家，单体药店297 392家，零售药品门店总数达454 999家；2013年上半年，零售市场规模约1 250亿元，同比增长13.9%，2013年前三季度预计规模可达到1 915亿元，同比增长13.9%。

国家药品宏观调控政策决定着企业的生存与发展。应该看到，国家正着力解决看病难和看病贵的问题，近几年的《政府工作报告》都强调，要积极稳妥地推进医药卫生体制改革，加快医药卫生体制的改革和发展，开展城市医疗服务体制改革，深入整顿和规范医疗服务收费和药品购销秩序。随着人民自我药疗意识的提高和健康知识水平的增强，在新医改阶段，我国国民基本卫生服务费用占卫生总费用的比例应该达到20%～30%，政府投入所占百分比达到20%以上，这样有利于刺激医药需求的增长，尤其新型农村合作医疗投入的加大，将进一步推动农村医药市场的发展。

总之，医药市场竞争环境对药品零售企业的要求越来越高，在激烈竞争中优胜劣汰将是大势所趋。迫于市场竞争压力，以及 GSP 认证的硬性要求，我国药品零售企业的服务已逐步提升，药店无论是店面店貌、店堂布置、商品陈列，还是员工队伍素质、精神面貌和管理均上了一个新台阶。但是也应该看到，目前药店在职业人员素质、服务水准、管理水平等方面都与需求存在不小差距。零售药店队伍素质的提高是市场的必然要求，管理的现代化是医药零售市场竞争力的重要方面。经营连锁化、管理现代化、服务人性化是药品零售业发展的必然趋势。

2. 发展趋势

市场经济发达国家的实践表明，药品零售业的发展是社会经济包括药品零售企业本身各种因素综合作用的结果。今后，药品零售业的发展有如下走向：

（1）“大健康服务”卷土重来。大健康、多元化并非药品零售业的“新名词”。今天说的“大健康”，因时间推移、政府推介等，有了较以往更为丰富的含义，特别是“到 2020 年我国健康服务业将达到 8 万亿元规模”这一目标提出后，国内从官方到民间，对“大健康”也有了新的认识。

如果说以往的“大健康”主要侧重于产品，那么新的“大健康”概念不仅体现在产品上，更体现在服务和理念上。“医、药、械、保健品、化妆品”是健康服务业的五大支柱，除了加强药的管理、医的改革，在治未病、检验检测、健康管理、健康养老等方面也大有文章可做，商务部也在积极推动，力图将药店打造成健康服务业的主要载体和重要平台。

（2）“母婴店”模式落地药店。如果说 2013 年监管部门推行药店售卖婴儿奶粉初衷虽好但药店获益有限的话，党的十八届三中全会提出启动实施“单独家庭可生育二胎”政策，则让药店经营者看到了“母婴店”这一新模式在药店落地的美好“钱景”。

据国家卫计委调查，约 5 成单独家庭有意生育二胎，未来 5 年有望新增 750 万名新生儿，将拉动上万亿元市场消费额，首先受益的便是母婴医药、婴幼儿奶粉及相关产业。药店具有专业化、服务便利、关联营销等优势，即使受医保定点政策束缚，也可通过分开经营、单独核算等进入这一领域。

（3）执业药师上演“抢人”大战。自新版GSP于2013年6月实施以来，执业药师已成为了药店的“香饽饽”。全国45万余家药店，却仅有4万名执业药师，41万的缺口必然催生“抢人大战”。

据说在南方一些地区的药店，执业药师的“加盟费”已经提高到每月4 000元，仍然招聘不到合适的人才，随着时间的推移，这一形势将更加严峻。今后几年，要么许以更高的价码，要么早下手自己培养。

（4）药店控股医院终端破茧。2013年，药品生产企业、业外企业控股医院成为热点。据不完全统计，仅A股市场就有复星医药、独一味等20余家上市公司投资医疗机构，这股潮流中却罕见药品零售企业的影子。这里面固然有资金、规模、控制力等因素的制约，但投资医院（特别是民营医院）的前景、风险控制等更是药品零售企业的掌舵者所顾忌的。

实际上，药品零售企业投资医院终端具有得天独厚的优势，实施这一举措对其渠道建设、终端控制等都有所裨益，一旦产业链上下衔接畅顺，就能充分发挥协同、共振效应，节省较大的运营成本、销售成本、推广成本以及隐性费用等。

此前，药品零售终端和医院终端在药房托管、药品直供终端等方面都有不少合作，随着国家政策扶持力度的加大，连锁药店与医院的合作由产品、服务、供应商等层面转向资金、股权层面将顺理成章。

（5）渠道为先，电商牵手店商。药品零售连锁企业通过互联网销售药品必须自行配送的规定，给跃跃欲试的医药电商泼了一盆冷水。

一边是足以拖垮任何一个医药电商企业的高成本压力（由自行配送带来），一边是亟待扩大的市场份额与逐步释放的顾客需求，这一矛盾要如何解决？其实，两全之策就是与拥有渠道优势的店商合作，根据市场需要战略布局，选择有区位优势的线下门店合作解决部分城市、乡镇的药品配送问题。这样做，既能让电商收获占有率和销售额，也能让店商得到实惠——前提是双方在股权等方面进行合作，以满足自行配送的要求。

（6）大而全“一站式”药店登场。面积 3 000 平方米，品类 13 000 多种，2013 年 12 月 18 日，陕西最大的“健康医药城”赛好健康医药城建成，这是我国医药行业首家以“中医馆、西医诊所、美容美体、健康体检、药品超市”为一体的全新经营业态，其瞄准的是：为顾客提供“一站式服务”。

对于大多数连锁药店来说，如此大面积开店、全套化服务不太可能，但选择其中几项服务组合搭配是可行的。

（7）微营销、大营销各领风骚。所谓微营销，是以移动互联网为主要沟通平台，配合传统网络媒体和大众媒体，通过有策略、可管理、持续性的线上线下沟通，建立和转化、强化顾客关系，实现客户价值的一系列过程。这种营销模式通过微博、微信等自媒体实现营销目的，优点是传播速度快，传播目的强。

大营销指的是借助大数据库，对消费群、消费心理、消费行为等进行精准深入的数据分析，进行针对性的数据营销。其优势是精准高效，营销达到率、实现率远高于传统营销。

以上两种营销方式虽有不同，但都是以顾客为中心，结合现代科技实现了创新。

（8）资本市场增添药店新面孔。医药企业一向是资本市场的主力军，也是投资者青睐的黑马，但在国内资本市场，纯粹以连锁药店业务板块上市的公司目前还是空白。

随着 IPO 发行业务重启，2014 年 1 月就有 50 家企业完成程序，第一批上市企业中能否有连锁药店企业的身影，我们尚不得知，但 2014 年有 3～5 家药品流通类企业上市应不成问题。这些企业将与已经上市的嘉事堂、九州通、南京医药、桐君阁等一起，组成亮丽的医药流通板块。

（9）外资并购国内药店成潮流。2013 年 11 月底，美国第二大医疗保健服务商康德乐健康集团正式并购广州百济新特药业并成为其大股东；国际医药零售连锁巨头沃尔格林公司也与广州医药有限公司接洽并有进一步合作的意愿……中国市场巨大的医疗保健需求正吸引着越来越多的跨国资本加入。

当下，国内药品零售市场正处于“寒冬”，此时并购重组的成本低得多也容易得多，今后几年外资并购国内药店或将愈演愈烈。随着新版 GSP 的实施，药品零售业进入门槛提高、产业整合力度加大、竞争日趋激烈，国内药店之间的重组整合也势必成为趋势，从而不断提高行业集中度。

（10）市场将发挥更大作用。党的十八届三中全会强调市场配置资源的决定性作用。医药价格改革已现端倪。未来或将取消政府定价，限定医保支付金额；拟定低价药目录，直接采购，以保证临床有价值的廉价药的稳定供应。由此可见，这样的改革是朝着药品定价市场化迈进了一大步，对医药产业是最大的利好。

六、药品零售终端顾客购买行为分析

（一）零售终端药品消费的主体

美国管理学大师彼得·杜拉克指出，企业的首要任务就是“创造顾客”。顾客需求是不断变化的，同时今天的顾客面对如此众多的药品零售企业，他们将如何进行选择？药品零售企业如何适应零售顾客的变化需求并使零售顾客满意？这些成为药品零售企业成功与否的关键。以下主要通过对动态中的零售顾客的分析，提出药品零售企业的应对之策。

1. 人口变化与药品零售

零售市场是由具有购买兴趣同时又具有购买能力的人所组成的。因此，不仅人口的数量直接决定药品零售市场的潜在容量，而且人口的一系列性质因素对零售市场需求的特点也产生深刻的影响，如性别、年龄结构、地理分布、职业、教育程度、人口密度、流动性等。

人口统计方面的变化对药品零售企业意味着什么呢？零售顾客可支配收入的增加为药品零售业的发展提供了更多的机遇，人口的增长意味着药品零售市场的扩大，人口年龄结构的变化意味着药品零售企业要按照不同类型顾客的特殊需求来采购药品、设计店面以及培训员工，人口的大量流动对药品零售企业提出了新的要求，人口受教育程度的提高意味着零售顾客在购药时更加理性。

（1）可支配收入增加。随着社会生产力的发展，零售顾客收入的不断提高，零售顾客将拥有更多的可自由支配的收入——即纳税和购买必需品后剩余的钱，这意味着零售业发展的空间增大。与此同时，收入差距将会逐步扩大，收入最高的群体人数虽然不多，却具有强大的购买力；而具有医疗保险群体的个体购买力虽然有限，却能构成较大的市场份额。药店就需要选择是进入医保市场，还是只满足那些高收入阶层的零售顾客的保健要求。不管进入哪一个市场，药店明确自身的定位并对其目标顾客采取相应的药品零售策略，是其成功的前提。

（2）人口增长。世界人口呈现出增长趋势。联合国统计 2013 年年底世界人口总数是 72 亿，预计到 2025 年全世界人口将达到 81 亿；根据我国国家统计局公布的数据，2013 年，我国大陆人口数量超过 13.54 亿。虽然我国政府已经加大了人口控制的力度，并且已经取得了很大的成就，我国人口增长的速度明显放慢，但是我国仍然是一个人口大国。人口增长也意味着人们对药品需求的增长。如果人们有足够的购买力，人口增长就意味着市场的扩大。现在，一些大型跨国公司纷纷看好中国这个潜在市场，这对于药品零售企业的发展是一个很好的机遇。

（3）人口年龄结构发生变化。随着现代医学的发展和人们自我保健意识的增强、人口出生率的降低、人口平均寿命的延长和老年人的增多、人口出现老龄化的趋势。与其他年龄群体相比，老年顾客更易于抱怨，他们更易于在购药前花费时间去浏览并且不喜欢变化。65 岁以上的年龄群体是购买力增长最快的年龄阶层，在城镇他们有时间和金钱消费。银发阶层在对身体保健方面比年轻阶层更为重视，老年人似乎比子女更能意识到购买药品和服务的重要性。

人口老龄化促进了银发市场的发展，同时也对药品零售企业提出了新的要求。一些药品零售企业为成年顾客制订了特定的计划。国外的一些药店在一些特定的购药时间都会开展一些“只限年长者购买狂欢”活动，这些活动只对年长的市民开放，并且提供礼品选择建议、免费的礼品包装、邮递服务以及其他一些特殊的服务。

我国人口出生率虽然降低了，新生儿数量开始减少，但是儿童市场仍然是一个值得药品零售企业重视的市场。中国的孩子从来也没有像现在这样被宠爱并弄得全家一片忙乱。中国的孩子成了“小皇帝”，他们从糖果到电脑应有尽有，“四二一”家庭6个大人围着1个小孩转。这种趋势使药品零售企业必须针对儿童的特点制定相应的零售策略。

（4）家庭规模缩小。“传统的家庭”被认为是由丈夫、妻子和孩子（有时包括祖父母）组成的。但是这种传统的家庭模式受到了冲击，现在的家庭还包括了独身生活、带一个异性或同性的成年人生活在一起、单亲家庭、丁克家庭、空巢家庭。这些家庭模式较之传统的家庭模式规模明显缩小，加之小孩教育的减少也使传统家庭模式本身的规模缩小。这些家庭群体都有自己的需求和购买习惯。家庭规模的缩小意味着零售顾客购买模式的改变，也就意味着药品零售企业要改变销售方式，以适应零售顾客家庭规模缩小而带来需求和服务方式的变化。

（5）人口流动。近几年来，我国人口流动的范围、总量以及流动频率都发生了很大的变化。传统的人口流动主要表现为农村流向城镇，然后再向郊区转移，但是现在这种人口流动已经超越了国家的界限，呈现出国际化的趋势。各地的人口都有各自不同的药品和服务偏好，但是由于这种人口的大量流动，各地人口长期共同生活、工作，人口地区之间的差异正在逐步缩小，表现出更多的趋同性，这就为更多的药品零售企业的跨国、跨地区经营提供了机遇。

（6）人口受教育程度提高。与过去相比，如今有更多的成年人接受了一定程度的高等教育。在美国，年龄在25岁以上的成年人有1/5至少上了4年大学，年轻人中受过大学教育的男女人数基本相等。在我国，随着九年义务教育的普及，以及大学教育的逐步扩大，人口受教育程度也较之以往有了很大的提高。随着人口受教育程度的提高，零售顾客掌握的药品知识越来越多，消费就会更加理性，并对传统的药品零售形式提出了新的要求。

一个国家或地区的人口健康状况主要取决于该区域社会经济、文化和卫生发展水平，人口健康状况的变化将引起疾病种类的变化，如经济发达地区糖尿病、高血压等疾病的发病人数上升。

2. 零售顾客价值取向的变化

随着人口、购买力和购买动机的变化，加上其他环境因素的作用，零售顾客的价值取向也随之不断地变化。现代零售顾客变得越来越理性，零售顾客的社会意识也不断增强，他们在购药时表现出个性化的消费倾向。

（1）零售顾客更加理性。由于零售顾客受教育水平的不断提高，零售顾客在购药时更加理性。现代零售顾客和传统零售顾客相比，更有知识，对药品和服务有更多的了解，从而也更为精明。而且，受教育更高的零售顾客也坚持要得到有关药品和服务的更详尽的信息。零售顾客将显示出对药品和服务质量的强烈需要。

药品零售企业的管理者必须做的一件事就是，以一位秘密购买者的身份，走进他们自己的连锁门店，亲身体验一下：真的为顾客提供服务了吗？充满人性化了吗？管理者必须问自己是否愿意在这里购药。

（2）零售顾客需求个性化。现代的零售顾客更加关注自身价值的实现以及个性化的消费需求，零售顾客行为变得更为个性化，很难参照特定的社会群体来确定。新时代的零售顾客可能选择更多的有休闲娱乐设施的场所，这就是现代大型药品超市兴起的重要原因之一。

（3）家中购药。家中购药在西方国家比较普遍，在我国这种新型的购药方式也越来越受到人们的关注。家中购买者通常是自主决定的，订购方便、不必跑路是其购买的重要的参考因素。另外，顾客正逐渐转向呆在其有着舒适、安全、熟悉环境的家中度过其珍贵的闲暇时间。不用外出去寻求交易这种方式就给不愿出门或行为不便和身体虚弱的顾客带来了便利。这种被称为“作茧”现象的出现是由于对传统价值观念的回归。

（4）社会意识增强。现代零售顾客的社会意识明显加强。他们比传统的零售顾客更加关注药品零售企业的道德、社会责任感，并且以此作为选择药品零售企业的重要依据。因此，药品零售企业在与各种利益相关者（顾客、公众、员工、供应商、竞争者及其他）打交道的时候，其行为应受到道德和社会责任的双重约束。此外，由于社会和媒体对企业行为的关注度、期望值都提高了，企业道德失范很可能导致反面宣传、法律诉讼、失去顾客和员工的信用等。因此，大多数药店都知道负责任的社会行为会引起零售顾客更多的惠顾，并能吸引零售顾客的参与，或者引导零售顾客将自己与药店融为一个整体，这样就可能获得更大更直接的利益。例如，药品零售企业将药品捐赠给需要照顾的患者、穷人和慈善团体，就可以获得税收减免。

（二）零售终端顾客的购药行为

药品零售界的从业人员逐渐认识到，能否有效地满足顾客的需求直接影响自身的利润，对影响零售顾客行为的因素理解得越深，也就越能开发出有效的营销策略和提供合适的药品满足零售顾客的需求。药品零售顾客的自主消费行为主要体现在 OTC 药和保健食品消费上。OTC 药是不需要医生处方，由零售顾客自行判断、购买、使用的药品。OTC 药的购买决策权在于零售顾客，和其他消费品一样会受到很多因素的影响，如广告、品牌、价格、促销、店员推荐、医生推荐、朋友介绍等。但药品的消费同其他产品的消费仍然有着本质的差别，因此，对药品消费行为的调查研究尤为重要。

1. 零售顾客及其行为

（1）零售顾客的含义。狭义的零售顾客是指购买、使用各种消费品或服务的个人与住户（household）。广义的顾客是指购买、使用各种商品与服务的个人或组织。

在现实生活中，同一消费品或服务的购买决策者、购买者、使用者可能是同一个人，也可能是不同的人。比如，大多数成人用药，很可能是由使用者自己决策和购买的，而大多数儿童药品的使用者、购买者与决策者则一般是分离的。

零售顾客行为是指顾客为获取、使用商品或服务所采取的各种行动。随着对顾客行为研究的深化，人们越来越深刻地意识到，零售顾客行为是一个整体，是一个过程，获取或者购买只是这一过程的一个阶段。因此，研究顾客行为，既应调查、了解顾客在获取药品、服务之前的评价与选择活动，也应重视在药品获取后对药品的使用、处置等活动。只有这样，对顾客行为的理解才会趋于完整。

影响零售顾客行为的个体与心理因素包括：需要与动机、知觉、学习与记忆、态度、个性、自我概念与生活方式。这些因素不仅影响和在某种程度上决定顾客的决策行为，而且它们对外部环境与营销刺激的影响起放大或抑制作用。

（2）零售顾客行为的发展趋势。强调价值使大多数零售顾客成了“交叉采购者”。也就是说，“去医院就诊和开处方，到药店去买药”与“在七匹狼买套装的人去沃尔玛买袜子，吃高档冰淇淋的人使用普通的纸巾”一样。即在同一类的药品中，零售顾客既考虑高价位药品的价值，也考虑低价位药品的价值，所以这种矛盾才更加明显。对价值的更为注重使得大型平价药品超市迅速地发展起来，如某零售企业利用“每天低价”（every day low price，EDLP）的策略迎合了零售顾客的心理需求。

零售顾客变得更加自信和内行，因为有更多的信息来源和更多的选择机会。广告栏目的扩展也提供了更多的药品信息。家用电脑的普及使得在网络中可以获得更多的药品信息，营销人员可能会向零售顾客提供更多的选择机会，保证向零售顾客提供比目前更为丰富的药品信息。营销人员也会考虑在未来使用更多的传媒手段向零售顾客进行宣传，同时在与零售顾客联系时也会提供更多的选择（自动化药店、电话购药、自动售药亭、网上购药等）。

2. 购药行为过程与信息分析

要想充分了解零售顾客的购药行为，就必须对零售顾客的购药过程进行研究，这样就能针对特定的环节进行维护，从而提高销量。美国的 Smith 和 Knapp 博士在专著《药房、药物和医疗保健》（第 5 版）中指出，零售顾客使用药物的过程可概括为五个步骤：意识到需要用药，选择具体药物，选择治疗方案，获得药物并使用药物，取得治疗结果。

完整的消费者决策过程，如图 3－2 所示。

图 3－2　药品零售顾客的决策过程

（1）产生需求阶段。产生需求阶段是指零售顾客受到刺激而产生用药需求的过程。这种刺激来自内在和外在两个方面。

1）内在需求。内在需要分为生理需求和精神需求两部分。①生理需求。当人体内的一个或多个感官受到刺激时，这种生理的内在需要产生了驱动力，如一个人感到头痛、鼻塞等生理方面的症状时，这些生理方面的症状就会驱动人们产生相应的购药需求。②精神需求。当一个人希望身体苗条时，为了达到目的，就会去购买减肥药品，还有为了孩子身体长高、为了长寿、为了年轻等而产生的购买药品的欲望，这种需求是为了满足心理和精神的需要，而产生的购买动机。

2）外在刺激。外在刺激包括商业提示、社会导向。商业提示是由零售商、制造商、批发商或其他一些卖主发起的信息，商业提示的目的在于使零售顾客对药品发生兴趣。广告、销售员的推销、药品展示、POP、DM 单等属于商业性的刺激。营销调研就是要研究什么样的商业刺激对零售顾客的影响最大，什么样的刺激频率和力度是比较恰当的，在刺激效果相同的情况下，哪种刺激方式成本投入最小。

（2）信息收集阶段。当零售顾客认识到用药的需要，并确定了要实施购药行为后，就开始搜集各种有关信息资料，目的是寻找满足其需要的最佳药品。首先，零售顾客会在自己心中列出一个可以解决其需求的药品名单，通常这个名单来自零售顾客的记忆。其次，零售顾客会收集有关的每一种可选方案的信息。有经验的零售顾客会从记忆中搜索每一种可以选择药品的性能，而没有经验的或在无法确定的情况下，零售顾客将从外部查找可选择的信息。商业信息、公共的社会信息均可用于收集有关药品性能。

收集信息阶段是引导零售顾客购买的最佳时机，可采取各种促销活动，加深零售顾客的印象和记忆促使其购买。营销人员要做的是调查零售顾客会从何种渠道收集信息，从哪些渠道收集到的信息对其信任程度较高，从而制订营销计划。

（3）分析选择阶段。在收集到足够的药品信息后，零售顾客首先会根据个人的购买能力、兴趣爱好、药品的效用满足程度等，对所有可供选择的药品进行认真的分析和评价，对比它们的优缺点，淘汰某些不信任的类型和品牌的药品，缩小选择的范围。其次，对所确认的品牌进行质量、价格比较研究，以选择最佳性能和最佳满足感的药品。

这个阶段营销人员就要认真分析影响零售顾客选择药品的因素有哪些，从而继续改进信息传递方式和内容的针对性评定，如开展试销和赠予活动满足顾客的哪方面需要，达到的预期目标是什么。

（4）零售顾客准备实施购买行为。在这一步中顾客仍要作出重要选择，如购买地点、购买时间、购买数量等。在这一阶段，药店起着重要的作用，人们即使已作出决定，时常还会临时改变。改变决定的原因有很多，如因服务态度不佳，而放弃购买。药品零售的售前、售中、售后服务中，销售人员需要做到的药学服务内容，主要是帮助零售顾客消除各种疑虑，强化药品服用中的疗效和用药注意事项等。因此，要对影响零售顾客购买行为的因素进行调查分析，从而尽可能地抓住零售顾客在现场的购买决策心理，尽可能促成零售顾客的购买行为，甚至使未能作出决定的零售顾客也能达到现场购买。

（5）购后评价阶段。药品购买服用后，零售顾客都要根据疗效及个人的感受进行评价，来验证购买决策的正确与否，并影响到以后的购买行为。一般有两种情况：第一种，假如所购药品服用后疗效确切，完全符合零售顾客的意愿，甚至比预期的效果还要好，零售顾客很可能会再次购买该产品。第二种，不满意的零售顾客反应则截然不同，他们会设法降低不平衡感，因为人类总是努力在其意见、知识和价值观间建立内在的和谐、一致或调和。不平衡的零售顾客可能会通过放弃或退货来降低不平衡感，也可能通过寻求能证实产品价值高的信息来降低不平衡感。详细了解零售顾客的不满意之处，可以指导营销人员进行改进。

3. 零售顾客的购买类型

在药品购买活动中，每个零售顾客的购买行为各不相同，调查不同类型零售顾客的购买行为，找出不同类型购买行为的差异，对营销活动有重要参考价值。

（1）零售顾客对购买目标的确定程度类型。①确定型顾客。这类零售顾客在购买行为之前已有明确的购买目标，对所要购买药品的种类、品牌、价格、性能、规格、数量等均有具体要求，一旦药品合意，便果断购买。这类零售顾客一般不需他人的介绍、帮助和提示，但在实际销售活动中比较少见。②半确定型顾客。这类零售顾客在购买之前，已有大致的购买意向和目标，但是，这一目标不很具体、明确。在实际购买时仍需要了解、判别，需要对同类药品的反复比较、选择之后，才能确定购买的具体对象。这类零售顾客易受他人观点的影响，成交时间较长，一般需要提示或介绍。这类零售顾客为数众多，是营销服务的重点对象。③不确定型顾客。这类零售顾客无论是进店前还是进店后，没有任何明确的购买目标。他们只是由于顺路、散步，或是茶余饭后信步进入药店，漫无目的地观看、浏览药品。如果所见所闻引发需要，或是浏览中看中了某一种产品，便会发生购买行为，但有时也可能浏览一番而不买任何东西。究竟是否发生购买行为，与药店购物环境、气氛及零售顾客心理状态密切相关。对这类零售顾客，营销人员应主动热情地服务，尽力激发其购买欲望。

（2）零售顾客购买态度类型。①习惯型。这类零售顾客一般根据以往的购买经验、消费习惯采取购买行为，他们或长期惠顾某药店，或长期使用某品牌的药品，以致形成某种定势。这种购买习惯不会因年龄、环境的变化而改变，不受时尚风气的影响，购买行为表现出很强的目的性，在购买药品时当机立断，迅速成交。②理智型。这类零售顾客在购买药品时善于观察、分析、比较，有较强的选择药品能力。他们在购买前已经广泛收集所需药品的信息，了解市场的行情，深思熟虑才作出购买决定；购买时十分理智慎重，对药品反复比较，权衡利弊，不受他人及广告宣传的影响，挑选药品仔细、认真，很有耐心。在整个购买过程中表现出很强的自主性，始终由理智来支配行动。③经济型。这类零售顾客对药品的价格非常敏感，往往以价格的高低作为选购标准。这类零售顾客又可以细分为两种类型：一种是以价格高低来评价药品优劣的零售顾客，他们认为价格高的药品质量一定好；另一种是对廉价药品感兴趣的零售顾客，他们对同类药品价格的差异十分敏感，喜欢购买优惠价的药品，因此经济型又称廉价型。④冲动型。这类零售顾客选购药品的能力较弱，对外界刺激敏感，心理反应活跃，情感变化快，很容易在最后一刻改变主意。因此，这类零售顾客在购买药品时，很容易受药品的外观、广告、推销员、店员的影响而不进行分析比较，草率购买，买后常常后悔不已，而下一次购买依然如故。新药品、时尚保健品对这类零售顾客有很强的吸引力。⑤感情型。这类零售顾客感情丰富、想象力强，常常因药品的颜色、包装等外形引起联想。在购药时容易受感情支配，也易受外界环境（购物环境和店员态度）的感染诱导，往往会心血来潮，发生购买行为。⑥疑虑型。这类零售顾客性格内向、优柔寡断、多虑多疑。在购买前三思而后行；购买中细致，挑来挑去拿不定主意；购买后还会疑心上当受骗。⑦随意型。这类零售顾客缺乏主见，在选购药品时一般都希望获得店员的提示和帮助。对所购药品缺乏认真的分析比较，常常受社会购买趋向的影响，从众购买自己并不急需的药品。有的零售顾客在生活上不挑剔、不苛求，表现在购买行为上也比较随便，此类零售顾客也属随意型。

（3）零售顾客在购买现场的情感反应类型。①温和型。这类零售顾客神经比较脆弱，生理上尽量避免任何过大或过小的神经刺激，表面上很少受外界环境的影响，内心体验却很深刻。这部分购药者一般没有医药卫生常识，对常见病、多发病的发病原因及病理缺乏医疗知识，对如何对症用药了解得不多，确实需要通过药店店员、执业药师的介绍和医生的诊断确定用药。这类购药者多是打工者和部分文化层次较低的居民。这类零售顾客对所购药品本身的情况考虑得不是很全面，而对店员的服务态度却很敏感。②自主型。这类零售顾客多以中青年知识分子为主，文化层次高，知识面宽，对常见病、多发病的情况有基本常识，对医药卫生知识知之甚多，来药店购药时一般目的性很强，直接购买药品，很少听从店员介绍。当所要药品缺货时，这部分人也会仔细了解相关药品，购买同类替代品。③遵医型。主要由年龄较大者和常年有病者两部分人组成。这部分人买药一般持有医生处方，完全根据医生为已诊断的病情，按照处方购买药品，购买同类替代药品比较谨慎。据调查，这部分人员虽少但购买额大。④沉着型。这类零售顾客比较平静，反应缓慢沉着，购买决定一经作出，就不容易改变，也很少受外界环境因素的影响。在购买行为中，除了购买药品所必需的语言，始终保持沉默，感情内隐，抑制性强，交际适度，但不很随和。⑤激动型。这类零售顾客很容易激动，言行举止时有狂热、暴躁的表现，自控力差，购买行为方面也表现出不善于考虑，傲气十足，对药品和销售人员的要求比较苛刻。对此，销售人员在各个方面应给予较多的关注。⑥活泼型。这类零售顾客灵活性高，善于适应各种环境，有广泛的兴趣爱好，但容易变化。表现在购买行为上，显得活泼、健谈，在购买和挑选药品的过程中，愿意与人接近、交谈，主动与其他顾客或销售人员交换意见。

不同的零售顾客在购买活动中，受购买时间、地点、环境、个性心理等诸多因素的影响，会表现出多种不同的购买行为类型。处方药企业应对零售顾客进行仔细的研究，对他们的行为特征进行归纳，可帮助销售人员对不同的零售顾客提供针对性的建议，从而提高销售额。

（三）影响顾客购买药品的因素

1. 社会文化状况

（1）社会因素。零售顾客的参照群体、家庭、社会风俗、人们的社会角色与地位等均影响零售顾客的行为，如口碑、家庭、朋友、邻居、同事在消费购买行为和消费观上可互相影响。儿童和青少年的药品消费主要受家庭中父母的影响，因为父母更有经验，在药品的购买和消费方面父母起着决定性作用，一般来说，父母是决策者。子女从父母身上可以学习到一些常见病的诊断和治疗方法，这将影响他们成人后的药品消费观念。家庭成员之间的药品观念和消费行为会有意无意地互相影响。所以，零售顾客购买行为与其所属的社会阶层有着密切的关系。一些零售顾客会因为角色和地位因素，在选择非处方药时考虑品牌和药品档次。

（2）文化因素。文化是决定和影响零售顾客需求和购买行为的最基本因素。每一种文化都能为其成员提供更为具体的认同感，不同地理区域，不同民族、宗教及团体、社会阶层都有其独自的行为方式和行为特征，这些都影响着零售顾客的购买行为。随着零售顾客文化水平的提高和保健意识的增强，人们对于疾病预防和自我保健更加重视，具体表现为：一是高收入阶层和中老年人对补充维生素、增强免疫功能、防病强身、改善生活质量的药品和保健品的消费支出逐年增加；二是中青年女性更愿意购买具有减肥和养颜功能的产品。

（3）心理因素。用药决策受个人性别、年龄、职业、教育背景、经济状况、生活方式、性格等因素的影响，个人的药品消费心理因素尤其影响消费行为。药品零售顾客的心理因素产生的消费行为类型有：①追求同步心理。表现为购买药品时喜欢攀比，追求时尚、新潮，看别人服用滋补药品，自己也想尝试，而不管身体的实际情况是否需要。②追求实惠心理。表现为追求最佳性价比，要求购买的药品经济、实惠、价廉物美，只要少花钱、治好病就行。③追求名牌心理。表现为注重药品是否为名牌，是否进口，是否名贵新药，而不管花多少钱，是否对症治疗等。

（4）药事法规。药品是否属于《基本医疗保险药品目录》范畴之内，影响到零售顾客对药品的选择。调查显示，当零售顾客经常使用的某种疗效不错的公费药变为自费药时，享受公费医疗的零售顾客中有约50%的人会从公费药品目录中寻找替代药，而不会自费购买该药，只有近13%的零售顾客会自费购买该药。目前非处方药尚未受到公费报销的限制，公费报销品种目录中有不少是非处方药。

2. 药品认知状况

很多零售顾客或健康人在家中可能就想好了要购买药品的品牌，如购买感冒药，就会买银翘片、新康泰克、白加黑、泰诺、感康等；购买多种维生素类产品，就会选择金施尔康、善存、21 金维他等。这样的决定基于从前的用药经历、广告的影响、医生的建议、朋友的推荐等诸多因素。品牌的作用对药品的影响是非常大的，因为医生的建议和朋友的推荐可能就来源于对某一品牌有较高的认知。

对于品牌认知情况的研究包括：①药品品牌知名度；②药品品牌认知来源；③了解品牌特性的渠道；④对药品品牌的好感程度；⑤了解各种沟通手段对药品品牌认知的贡献。

电视广告、平面广告、网络广告、促销活动、药店 POP、药品陈列等都可以向零售顾客传递品牌信息，但怎样的组合能够达到最佳效果，这就需要通过市场调研来确定适当的品牌传递方法。

3. 药品购买习惯

消费习惯是指人们在消费过程中，长期、稳定地保持重复性的行为。购买习惯是零售顾客心理行为中极其重要的特征，也是人们日常行为的重要反映。购买习惯是人们在长期的生活中慢慢积累而形成的，反过来又对人们的日常生活构成重大的影响。购买习惯不同于消费兴趣，零售顾客的兴趣仅仅是消费心理的一种倾向性反映，并不立即表现为真正的购买行为，即使是在药店里表现出相应的兴趣，也不一定变成现实的购买行为。而购买习惯是指现实中已经发生的购买行为，需要直接购买药品才能满足零售顾客的习惯行为，零售顾客对于习惯的品牌或药品，购买决策简单，购买行为可重复，零售顾客长期存在这样的需要，这些因素都会给医药企业产生直接的效益。对零售顾客购买习惯的研究，主要包含以下几个方面：

（1）对购买频率的探索。研究零售顾客购买某一品牌时，单位时间内的购买频率。一般使用每周、每月、每年等时间单位表示。

（2）关于习惯强度的划分。调查零售顾客每次购买药品的种类和数量及消费的金额，数据汇总之后，要对购买习惯的强度进行分类。

（3）对不同购买强度的零售顾客特征的探索。将零售顾客按购买强度进行划分后再进行分类，探索不同购买强度的零售顾客习惯。

（4）在药品购买习惯的研究中，必须关注零售顾客的以下行为：①过去是否购买过同类药品；②购买过的同类药品的品牌名称；③购买的价格、数量；④购买的时间、地点；⑤是指明购买某品牌的药品，还是临时决定（推荐、陈列、价格等因素产生的购买）；⑥购买或不购买本品牌药品的原因。

通过以上研究，了解零售顾客购药时购买行为产生的诸多指标，如品牌的渗透率包括初次购买率、重复购买率，可以了解今后是否有增长点，并了解在价格、陈列、包装、规格上是否存在问题，通过购买或不购买本品牌药品原因的调查，分析本品牌药品在营销推广过程中有哪些优点和不足，并为今后的改进提供意见和建议。通过对未来购买药品品牌的研究，能够分析本企业药品与主要竞争药品今后的销售潜力、销售障碍，为制定新的产品策略、推广策略、渠道策略提供信息方面的支持。

4. 药店服务状况

零售顾客对药店服务的满意程度，是零售顾客是否购买的一个主要因素。零售顾客的满意程度来源于顾客对药品、营业场所、人员及服务质量等方面的综合感受。零售顾客对药店满意与不满意的方面、满意与不满意的程度，以及与其他同类药店存在的差别，对零售顾客的购买决策起到至关重要的作用。对于零售顾客的满意状态进行调查，有助于了解零售顾客对药店提供的服务和所售药品的真正需求，切实分析药店“服务”各个环节上存在的优势和缺陷，从而改进服务质量、提高顾客忠诚度，是扩大销售的有效途径。

七、零售药店的市场营销策略

（一）药店营销策略的类型

1. “推”

“推”的策略是指药店通过促销手段把药品推销给消费者的策略，主要是指人员推销。药店利用店员、派出推销人员或者委托推销人员走近消费者，通过介绍、推广、宣传和提供服务，引导消费，促进购买。这些人员除了完成现有的药品销售外，还可通过与消费者沟通进而了解需求，收集市场情报，为药店制定长远的、稳定的市场营销策略提供决策参考。

2. “拉”

“拉”的策略是指药店利用价格、服务、信誉等吸引消费者，激发购买，从而扩大销售的一种策略。实质上是用最快的信息传递速度把消费者拉过来。拉的策略主要有以下四种：

（1）价格促销。药店根据销售情况和顾客心理，运用价格杠杆，采取灵活的定价策略来吸引顾客。

（2）广告策略。根据市场销售和竞争的情况，采取不同的宣传策略，使信息传递有利于开辟市场，引导消费，增加销售。

（3）有形展示。这是药店以实物形式吸引顾客购买的一种促销策略，包括药品陈列、咨询服务等。它可以使顾客看到真实的药品，以便看样选购、看样定购。

（4）信誉促销。药店的信誉是吸引消费者并扩大销售的重要条件。药店通过创品牌，树信誉，增强消费者对药店的信任，树立药店良好的形象和信誉，为扩大销售创造良好的条件。

（二）药店竞争策略

1. 产品策略

产品策略主要关注两个方面：一是产品种类优势；二是产品质量优势。建立产品种类优势的策略适用于实力雄厚、议价能力强的大型连锁药店，因为小药店即使在某几个产品上具备优势，但由于势单力薄，难以形成竞争优势。

建立产品质量优势的策略适合于任何药店，也就是严把质量关，诚信经营。首先，把好进货关，从源头上杜绝假劣药品进店，按 GSP 的标准进行严格的质量控制；其次，促销宣传中不欺骗消费者，应如实宣传；最后，售后坚守服务“诺言”。

2. 价格策略

价格策略并不是指单纯地降低药品的价格，而是控制多种影响成本和价格的因素，以及通过多种促销手段来调整价格，保证利润。

（1）品类管理有的放矢。按照销售量和毛利率，药品可以分为四大类：畅销药品、主力药品、焦点药品和滞销药品。对于销售量大的畅销药品，相对降低毛利率给药店带来的利润影响，可以通过客流量的增加得到弥补。对于销量中等的主力药品，是药店利润增长的主要来源，价格方面可以通过控制成本，有效促销或折扣等手段，以期维持较高的毛利率。对于销量低的焦点药品，首先应摸清销量受阻的原因。如果是因为定价过高，又有调整价格的余地，则可降低毛利率。对于滞销药品，一般采用淘汰策略，退出经营。

（2）精打细算进行成本管理。经营成本是药品零售价格及利润的主要决定因素，有效的成本管理有利于提高利润空间。药店可以通过以下三个方面来降低成本：简化供应链，降低进货成本；提高店员的劳动生产率，降低人力成本；优化库存，减少资金积压。

（3）灵活有效的多重促销管理。药品定价不是一成不变的，而应该随着市场、目标消费群体和所售药品种类变化而作出相应调整。比如，与厂家合作进行品牌促销，疗程长者可给予一定的折扣；并有淡季促销、节假日促销等。

3. 品牌策略

（1）细分市场，明确品牌定位。品牌定位就是以独特的个性和识别特征，在目标消费群心目中树立恰当的地位和形象。为此，地面布局陈列、营销策略和服务方式都要求建立在市场调研的基础上，针对目标消费群的消费习惯、消费心理进行设计，甚至药店的经营品种、范围、档次都要根据周围消费者的特色进行规划。

（2）制定品牌计划，强化品牌管理。药店要依据竞争环境的变化，对消费心理与需求以及自身品牌形象进行深入研究，制定完整的品牌策略和品牌管理计划。在品牌建设过程中不断创新，对品牌进行维护、监测与调整。

（3）提供互动服务，树立品牌形象。顾客是零售药店直接面对的接触对象，也是直接反馈信息、了解消费动态的重要通道。与顾客建立良好的关系是创建企业良好的品牌形象、树立口碑的关键因素。药店要对顾客进行跟踪服务，与顾客形成互动，使其产生朋友式的信任和依赖，从而树立起良好的品牌形象。

（4）整合营销传播，打造强势品牌。整合营销传播是品牌建立和优化的强有力的手段，通过整合注入广告、促销、公共关系、人员销售等营销手段，用一个声音说话，使各种营销手段在塑造品牌时发挥协同效应。整合营销传播重在“整合”，即传播对象、传播内容以及传播手段的选择和组合。

4. 服务策略

药店服务具有无形化的特征，是服务过程和商品出售过程的一体化。服务是无形的，服务的好坏却能被顾客明确的感知，影响顾客态度的形成，而顾客的态度一旦形成就很难改变。

（1）做好基本服务，确保服务质量。药店的顾客很难对药品知识有清楚的了解，药店有义务将最适合病症的药品提供给顾客。不仅要做到治疗效果好，还要做到价格合理，将同样疗效的高价药品推荐给顾客也是对顾客的欺骗。药店的销售人员不能为了提高销售额而故意将高价药推荐给顾客。

（2）创新服务方式，充实服务内涵。药店的服务质量直接关系到顾客的满意度和忠诚度。应该开展培训和咨询活动，不断提高顾客的医药知识水平；在服务中力争为顾客挑选满意的药品，努力为顾客提供方便；建立专门的机构，设立专人处理顾客投诉；强化售后服务，收集顾客反馈的资料等。同时，药店要不断创新服务方式，包括举行健康讲座、免费健康体检等配套服务，以提升药店的市场竞争优势。

八、特色经营是连锁药店发展的必由之路

特色经营是连锁药店未来发展的必由之路。服务是药店竞争的最后堡垒和核心优势源，这几乎已是一个没有什么争议的话题。其中，做好新闻营销，加大宣传力度，对凸显药店的个性和提升品牌，将起到重要作用。毕竟，对于未来的发展，药店的品牌比药品更重要。

（一）个性化是药店未来的发展之路

目前，药店基本就是顾客要什么药，就卖什么药，营业员最多也就推荐几种功能、主治相近的品种，而消费者要想找驻店执业药师咨询，实在是望眼欲穿终不得见；核心的药学专业和药物信息资讯等特色服务更是十分鲜见。

如今，不少药店虽已涉足多元化经营，但其多元化经营的项目并不是广大普通消费者迫切需求的东西，并没有给消费者提供一种购物的“便利”。

国内许许多多的零售药店，基本上是按专业化药品经营模式操作，但除了门店装饰、药品价格、品种数量、服务标准及营业时间等略有些差异外，几乎难觅特色经营的药店。

近年来，药品零售市场竞争激烈，由于盲目扩张、过度追求价格竞争和市场饱和等原因，许多药店刚刚起步就陷入了困境。据统计，目前有半数左右连锁药店已处于亏损状态，而数量庞大、优势欠缺的小药店在竞争中即使没有倒闭，也大多举步维艰。

如今，药店早已不是单纯的卖药窗口，它所针对的是一个健康产业大市

场。因此，无论是连锁药店还是单体药店，都要适应时代的变化和现代消费者的需求，尽快走个性化发展之路。

（二）专业队伍是个性化服务的保障

从长远来看，门店商圈个性化营销服务活动是增强门店核心竞争力和提升门店客流量的有效办法，也是今后门店能否长期在商圈立足的根本条件。

人们对健康的需求，首先是心理上的需求。当一个患者走向某家药店的时候，首先肯定是相信这家药店能为其提供健康服务的。心理需求的满足，首先是情感上的接纳。因此，药店的个性化服务应首先换位思考，要从对消费者的感性驱动上做文章，在亲情服务的基础上开展专业的个性化服务。

药店开展个性化服务的前提是建立一支高素质的专业队伍。如果说要求药店店员都具备药师、医师、营养师、保健师或心理咨询师等的相关专业知识太过苛刻，那么要求其对相关的基础知识有所了解或不断学习掌握却是必要的。而门店配备的执业药师、专职营养师，则毫无疑问地应该成为个性化服务的主力军。各门店应根据自身专业人员的情况，设立个性化的营销服务项目，如药师开展用药指导，医师开展疾病诊疗咨询、心理咨询，营养师开展膳食营养咨询和保健康复咨询等。具体做法可以是：在门店长期或定期开展以上服务，其中药师的服务应长期开展，医师、营养师、保健师或心理医师的服务可根据具体情况不定期开展；组织以上专业人员定期、定点深入社区，与有需求的居民面对面展开交流；对于行动不便的患者可提供预约上门服务。

要开展好“一对一”的个性化营销服务，门店还必须注意两点：一是完善顾客个性化服务档案，内容包括顾客的姓名、地址、联系方式、个人喜好、服务需求和服务人员等。同时要细分市场需求，建立好顾客信息数据库，以便及时服务于有需求的对象。二是要长期坚持，不可急功近利。门店开展个性化服务是一项长期的系统工程，是顾客满意度战略的具体内容之一，应该持之以恒。

（三）专业服务赢得顾客忠诚

调查表明，中国人进商场购物的次数比澳大利亚人要频繁。在澳大利亚，有八成以上的顾客是选择比较固定的一两个商场购物，而中国的顾客却有六成以上喜欢在多家商场之间游离，固定选择一两家商场购物的只有两成。这说明了一个问题，就是国内零售业态在个性化服务方面做得还不够。

事实上，国内零售药店在个性化服务方面有着巨大的发展空间。一般超市在营销时比的可能是品牌、质量、价格和服务，而在药店还有一个可比的内容，那就是专业服务。目前，绝大多数连锁药店的品牌和商品质量都是值得信赖的，因此，个性化服务的重点应该是如何提高专业服务水平，如何细化服务的内容。

目前，国内药店的价格战已经打到了底线，扎实和细致的专业技术服务将成为每一家药店的核心竞争力。对店员专业知识的培训，应该是更广泛的医学和药学知识。店员接待一个顾客时，不但要做到能随手拿到药（不要寻找），还要能说出这种药品的功能、主治和副作用才行，要能做到“小病当医生，大病当参谋”。只有这样，才能增加顾客的回头率。服务的细化也不能再是简单的热情。亲切的迎声和送声当然可以赢得顾客的好感，但仅仅这样还不够，还要做到记住他们的姓名、病情和用药习惯，做到像关心家人一样关心顾客，增强服务的亲和力。这样，药店才会赢得更多的忠诚顾客。

（四）“特色＋细节＝个性”

为提升门店的核心竞争力，在突出“平价”的同时，还应注重不断提高服务质量，通过个性化服务，增强顾客忠诚度。

1. 突出服务重点

在建立顾客档案时，着重对顾客用药情况和习惯进行记录，利用门店的服务热线为患者及时提供咨询服务。同时，还可以为社区居民提供一些免费检测项目，如长期坚持为周围的高血压病人免费测量血压，为糖尿病病人免费测血糖等。

2. 多卡制增强服务类别

可以设计征询意见卡、老顾客优惠卡、贺卡（逢年过节时发）、保健知识卡（平时提供）等，满足不同层次顾客的需求。如一些门店根据实际情况，开辟了精致的儿童游戏天地，为带小孩的父母提供儿童游戏卡；开设70岁以上老年人购药交款的绿色通道卡，并在收银台附近配备了舒适的等候休息椅；打破药品专业经营模式，建立健康产业大市场，从营养学角度入手，提供营养产品知识介绍的保健知识卡；等等。

3. 从细节着手

可以从店面设计、吊牌颜色、店员衣着、药品摆放位置等细节入手，尽量在多方面形成自己的个性。比如在店堂布置方面，可以强调要方便顾客购药，药品分类摆放要醒目等。

（五）以非药品为核心的多元化经营

受国家政策和市场环境的影响，国内药店普遍面临着成本上涨、业绩下挫的困境，如何调整经营结构，实现转型升级成为当务之急。而包括保健品、药妆产品、医疗器械、母婴用品、养生茶、食品等在内的非药品，作为药店未来利润的重要来源之一，正在引起药店经济圈的高度重视。

国家关于促进健康服务业发展的一系列政策的出台，释放出了近8万亿元的市场空间。面对扑面而来的大健康产业发展机遇，对于原本处在十字路口的零售药店来说，能否抓住和充分利用这一历史性的发展机遇，将决定其未来的生存与发展命运。在大健康产业领域，谁能洞悉趋势、把握先机？如何创新盈利模式、拓展业务空间、增强核心竞争力？这些都是药店特色经营全新的重要内容。

第四章　处方药零售终端平台营销理论与实务（上）

一、处方药的基本概念

（一）处方药的含义、分类和特点

1. 含义

处方药，就是必须凭职业医师或执业助理医师处方才可调配、购买和使用的药品。

2. 分类

（1）国家规定的特殊管制的药品（如麻醉药等）。

（2）刚上市的新药。

（3）药物本身毒副作用较大，如抗癌药物等。

（4）需在医师指导下使用的药品。

3. 特点

（1）处方药是解除疾病用药的主体，患者凭处方才可以获得药品，选择权在医生。

（2）处方药不得对公众做广告宣传，但可以在已批准的专业性的医药报刊和媒体上进行广告宣传。

（3）处方药一般不是家庭常备药。

（4）不允许开架销售。

（二）处方药与非处方药比较

1. 政策比较（见表4-1）

表4-1　处方药与非处方药政策比较

	处方药	非处方药
价格政策	政府调控，不能随意调价	定价相对较为灵活
广告与促销	不能做公众广告	可以做公众广告
报销政策	可以报销	报销有一定限制

2. 产品及研发系统比较（见表4-2）

表4-2　处方药与非处方药产品及研发系统比较

	处方药	非处方药
生命周期	平均使用寿命较短	平均使用寿命较长
开发费用	费用高	费用相对较低
产品差异性	体现在化学治疗成分上	体现在外在功效上
报批程序	程序复杂，周期长	较简单，周期短

二、处方药市场总体概况

（一）总体规模优势

2011—2015年，全球医药绝对花费为2 100亿～2 400亿美元，而2006—2010年为2 400亿美元。除去汇率的影响，2011—2015年，全球医药绝对花费为2 300亿～2 500亿美元，而2006—2010年为2 280亿美元。因受新药上市及新兴市场需求增长等利好因素的推动，2011年，全球处方药市场销售规模同比出现了5%～7%的增长，销售总额达到8 800亿美元。

2011年，全球处方药市场出现了缓慢复苏的迹象，市场销售形势开始有所好转。2009年，全球处方药市场规模约8 450亿美元，同2008年相比涨幅区间仅为4%～5%；而在之前的10年间，全球处方药市场销售额平均年增长速度都保持在6%～12%的区间内；今后几年，这一增幅仍将保持在4%～6%。

2005年，中国是全球第九大医药市场，2010年上升至第三名，这一位置将一直保持到2015年。2010年，中国医药市场达到411亿美元；2006—2010年，复合年均增长率达到23.9%，预计在2011—2015年，复合年均增长率将达到19%～22%（按恒定汇率计算）。

据统计，近年来中国处方药市场增幅均超过两位数，2012年市场规模为480亿美元，预计2014年年底将达到4 425亿元人民币，合683亿美元。

2011年年底的时候，因销售额超过300亿美元的畅销药品失去专利保护，部分制药公司的产品面临来自基因药的竞争压力，给中国处方药企业带来了新的发展机遇。

（二）市场细分情况

1. 我国处方药市场的增长因素

首先，居民卫生支出持续高增长，奠定了处方药需求增长的基石；其次，老龄化趋势将会在中长期内激发处方药消费需求；最后，疾病谱的变化，有望培育新的大病种用药市场。同时，政府投入加大，将会大大释放受压抑的处方药需求，对处方药领域的专利药、辅助用药等的影响最为明显。

2. 处方药主导整个医药市场

处方药居于整个医药产业的中枢环节，起主导作用。其需求直接决定了原料药行业的景气度；专利到期的处方药可转为OTC产品延长寿命；处方药也可与医疗器械组成联合治疗方案。据CFDA南方所统计数据显示，处方药占据了我国药品销售近75%的份额，在我国药品销售的主渠道——医疗机构终端，处方药销售占80%～90%，实际上掌握了得天独厚的优势。

（1）抗感染用药基数大，增长良好，产品更新换代机会可观。抗感染药物多年来一直是国内医院终端用药金额的第一名，以抗细菌药物为主。

（2）抗肿瘤用药靶向制剂引领高增长。抗肿瘤药物近几年表现出很高的成长性，其中利妥昔单抗、吉非替尼等靶向药物表现突出，预示着未来抗肿瘤药物研发的发展方向。

（3）心血管用药空间大，竞争激烈。心血管药物中细分类别差异较大，高血压药物中沙坦类全面走向前台。

（4）消化系统用药增长势头良好。抗酸药中质子泵抑制剂类药物占据绝对优势。

（5）内分泌系统用药糖尿病药物阿卡波糖霸主地位巩固，胰岛素类似物高速增长。目前，外企药物依然占据主导，但不少国内企业崭露头角，有望分享高成长的“盛宴”。

（6）血液及造血系统用药血浆瓶颈难缓解。血液制品份额受制于血浆资源，血浆代用品空间日益扩大。

（7）神经系统用药高增长已经开启，各类神经营养保护剂和修复剂已经占领绝大部分市场。

三、处方药零售终端平台营销解析

随着我国经济与社会的发展，尤其是药品分类管理办法的实施，医药卫生体制改革和药品流通体制的变革，医药行业外部环境和内部结构发生了巨大的变化，处方药的零售终端平台营销正在经历着考验，其营销问题的解决成了处方药企业的当务之急。

（一）营销现状

1. 处方药营销渠道在缩小，营销方式备受限制

（1）广告禁令。2002年12月1日，国家规定所有处方药不能在大众媒体上做广告，只能在专业媒体刊登广告。

（2）行业整风。近年来行业内问题频出，引发了老百姓的很多怨言，国家也多次进行行业整风，但回扣问题依然严重。

（3）医保制度。企业必须花费相当的精力才能使药品进入医保目录，但进入也仅仅是迈开了营销征途的第一步。药品降价的对象多为医保目录品种，各个环节的费用仍然需要支付，而且医保品种连年增多。

（4）招标制度。药品只有通过招标才能顺利进入医院销售，但招标过程中存在的诸多不合理因素，使企业苦不堪言。

（5）销售模式。药店销售的处方药必须凭医生处方购买，零售终端营销受到一定影响。

2. 众多跨国企业进驻，中国企业生存艰难

中国逐渐成为经济全球化的一员，众多跨国企业越来越重视中国医药市场，纷纷建立分公司或研究中心。随着GMP、GSP、GCP、GLP、GAP等各项政策的颁布，中小企业没有资金实力的，其中一部分将被挡在医药圈外；一部分虽然幸运过关，但随之而来的市场压力也可能会将其淘汰；另外一部分可能被其他资本吞噬。只有少数企业通过建立长期战略、整合资源，采取非凡的市场手段，才能站稳脚跟，最终茁壮成长。而大型医药企业虽然暂时没有生存的压力，但从长远看，如果没有完善的研发机制、良好的产品梯队、良性的营销系统，其市场份额也将逐年递减，甚至被市场淘汰。企业的营运成本逐年增加，产品的销量成为第一要素。没有销量就没有后继产品的研发，没有销量就没有稳定诱人的员工福利，而没有人才也就没有销量。

3. 受政策影响，处方药企业转战零售终端市场

近几年来，国家实行了一系列的宏观调控政策，医药行业呈现出非处方药

萎缩、功能性产品增长的态势。不断出台的医改政策、国家对社区基层医疗机构和农村市场的重视等，都利好于整个医药行业。处方药大量进入医保目录，一些治疗性基本用药可直接从基层医疗机构免费获得，无疑意味着越来越多的人将去诊所、医院以处方形式获得治疗。

随着国家 GMP、GSP、GCP、GLP、GAP 等各项政策的陆续颁布，处方药营销向良性发展的趋势不容置疑。

由于受招标政策、市场和企业自身因素的影响，越来越多的处方药企业开始转战零售终端市场。

（二）存在问题

目前，国内处方药企业的零售终端平台营销仍然存在严重问题，主要有四个方面：

1. 传播策略单一

随着市场环境的成熟，越来越多的广告信息的干扰，消费者对新媒体的认可，企业单一的传播策略显然已不适应市场发展的要求。中国的医药企业对大众媒体广告的依赖性很强，在与消费者的沟通中，大多以强势品牌广告、药店义诊、免费试用为主，缺乏创新与实效，传播手段简单，针对药店店长和店员乃至消费者的直接推广、学习借鉴国际流行的处方药推广方式、对自身资源的合理利用，以及整合营销思路等方面相对较弱。

2. 忽视品牌形象

许多处方药企业注重广告投入的短期效应，在产品功效上大做文章，而忽视品牌形象的塑造。打擦边球、夸大疗效，利用医生、患者形象在药店门店做宣传等行为比较普遍；请明星做“体验式代言”的广告层出不穷，但真正具备品牌意识、注重品牌形象策划与传播的企业少。因此，那些靠大打广告尝到甜头的企业，虽然提高了品牌的知名度，却并没有塑造出良好的品牌形象。有的企业把产品销量作为企业追求的最大目标，认为做销量就是做品牌，只要销量上来了，品牌自然会得到提升；有的企业认为投资品牌花费很大，不如打广告仗促销来得实在。这都是非常错误的观点。

3. 渠道掌控不力

广告禁令前的处方药企业，只注重“拉式”策略，通过专业媒体广告拉动需求，而淡化了“推式”策略，松散了和经销商、药店的合作关系，忽视了分销渠道管理，渠道运作效率低下。在对渠道成员的激励和沟通中，以简单的返利、提成、礼金等形式为主，甚至进行贿赂，破坏了行业氛围，企业容易陷入被动局面，不利于渠道管理和发展，渠道管理失控的局面时有发生。

4. 产品线欠合理

处方药为上市5年内的新药，利润大多超过产品成熟、竞争对手较多的非处方药，因此，许多处方药企业只把目光盯在了处方药的生产与营销上，而整个产品线中无OTC产品，影响了企业和品牌在零售终端的整体推广。还有不少企业产品线过长，众多不同功效的产品全部推向市场，导致产品个性化不足，没有真正站得住脚的主导产品，市场影响力较弱。

（三）发展趋势

1. 两个走向

目前，处方药零售终端平台营销主要分为两大类：

（1）处方普药。主要通过较大的医药流通企业流向药店连锁企业和零售药店。虽然在单项的利润分配上较少，但只要量走得大，其利润也较为可观。其中有些厂家还有积量返利政策，这就是规模效益。当然，这些普药的大众接受度较高且价格不高。

（2）处方新药、特药。主要是通过关系较广的配送企业直接送到零售药店。对于此类处方药，无论是厂家还是总代理商，均有一套完整的市场开发及管理模式。这类品种的营销费用相对较高，当然它的利润空间相对比普药要大。

2. 三种模式

目前，处方新药、特药的国内市场推广主要有以下三种模式：

（1）生产厂家通过竞标的方式，将某个或某些产品总代理权拍卖给某一总经销商，总经销商为取得该产品的总经销权，要向企业交纳一定数量的“买权费”（买断经销权的费用，而非货款），总经销商在下面再发展分销商，从而把产品铺到各个药店终端。

（2）生产厂家（包括某一品牌的全国总代理或采取 OEM 形式的品牌拥有者）通过竞标的方式，将其产品区域（一般是省级）经销权拍卖给某一经销商，但对市场保证金和年任务量等也作了较为明确的规定。一般来说，省级经销商都有自己的药店终端网络，在区域内也有一些分销网络，否则难以完成厂家规定的任务量。

（3）生产厂家（包括某一品牌的全国总代理或采取 OEM 形式的品牌拥有者）在大部分省区自建办事处，由自己直接操作一部分市场；而在空白市场再通过竞标的方式，将其产品某个区域或单个终端的经销权拍卖给某一经销商。

3. 四大趋势

从战术方面看，处方新药、特药的整体研发、推广走势主要有以下几个方面：

（1）新品种开发正向着老百姓买得起、疗效好、整体费用低的方向发展。各厂家都在加强新药、特药，特别是专科药的研发，而且在药品的疗效方面特别重视，在价格方面也趋于合理化。

（2）厂家、经销商、药店等环节的利益分配趋于合理化。很多厂家对产品的市场生命周期作了科学而合理的测算，将前期的研发和开发费用进行了较为合理的分摊，所以留给流通环节的利润也较为合理。

（3）营销队伍相对稳定。作为“持久战时代”的药品零售终端市场，在利润分配趋于合理的大环境下，投机性较小，对药店的黏度要求较高，所以，营销队伍相对较稳定。

（4）市场管理较为有序。大多数企业在市场管理方面均有一套完整的市场开发及管理模式，特别是对冲窜货控制大都有很好的处理方式。

四、处方药零售终端平台营销攻略

（一）常规策略

处方药市场前景诱人、竞争激烈，当务之急是要针对目前处方药零售终端平台营销存在的问题，采取相应的营销对策；同时利用自身优势，借鉴国外先进经验，开拓营销思路。

1. 塑造良好的品牌形象

在品牌繁多、竞争激烈的处方药零售终端市场，良好品牌形象的塑造具有重要的意义。良好的品牌形象就是质量的保证，代表了信赖与安全；忽视品牌形象的推广，往往造成流星效应。所以，打造良好品牌形象的首要前提是要有过硬的产品品质，品质是品牌的生命。

品牌形象的推广有很多种方法，如通过形象广告和公益广告来提高品牌的知名度和美誉度。哈药六厂在经历了最初级和原始的密集式产品广告投放之后，在全国大多数电视台播出以“其实，父母是孩子最好的老师”为题的公益广告，目的是以全新的方式和心态来加强对品牌形象的深层塑造，从而提高产品的美誉度，赢得消费者的信任和忠诚。此外，企业还应注意经营理念和品牌核心价值的宣传，让品牌形象深入人心。如斯达舒的“关心就在身边”、海王的“健康成就未来”让人耳熟能详。

加强营销公关，如事件公关、活动赞助、慈善事业，借助新闻的力量来提高企业品牌的形象，这是处方药零售终端平台营销的重要环节。新闻的声音不仅是免费的宣传，更重要的是会增加零售终端消费者对产品的认同。企业应不断开拓思路，善于捕捉企业的新闻点，增加在大众媒体的新闻报道次数与质量，如产品研制的纪实、上市信息、人物特写、企业文化、经营模式的分析等，都可以成为新闻传播的内容。总之，处方药的零售终端平台营销应避免简单的传播策略，要融入整合营销的理念，充分利用自身资源，从不同的营销角度塑造企业的品牌形象。

2. 加强与创新渠道管理

要掌控渠道，关键在于加强渠道管理与创新。加强与创新渠道管理应着重在以下三方面做文章：

（1）加强终端建设。处方药企业要牢固树立“终端制胜”意识，加大终端建设的投入。广告禁令后，大众媒体广告的投入大幅度缩减，企业可把节省下来的资金用在终端建设和终端促销上，建立起强大的终端优势。终端零售药店是药品销售的重要阵地，企业可通过 POP 广告、捆绑销售等手段加大促销力度；在药店设立专柜甚至建立自己的连锁药店，提高企业经营的稳定性，增加企业对终端网络的控制。企业还可和药店结成营销战略联盟，如促销联盟，凡是购买某处方药的顾客可以优惠价购买该药店的其他商品。

（2）强化和经销商的关系。在新形势下，处方药企业急需解决渠道运作的效率下降等问题。强化和经销商的关系是提高运作效率的关键，应从松散的交易型转变为紧密的合作，共同开拓市场，共同分担风险。这种合作关系能增强市场控制能力和渠道规范能力，增加经销商的经营稳定性，实现渠道增值。

（3）重视对药店促销员的培训和管理。药店促销员是处方药零售终端平台营销的中坚力量，他们拜访药店，开展市场调查，了解药店销售情况，开展药品知识和销售技巧的初级培训，联络与消费者之间的感情，是企业和药店店长、店员、消费者之间沟通的桥梁。这就要求高度重视药店促销员素质的提高和培训，以加强企业的推广和销售力度。

3. 加强药店终端推广

事实上，药店店长、店员是处方药的“第一消费者”。处方药零售终端平台营销必须精耕细作，产品信息才会有效地传递，因此，加强针对店长、店员的宣传推广和培训教育显得十分重要。如组织药店开展药事法规、销售技巧、门店管理等的培训，甚至堆头大赛、POP 比赛，都是处方药零售终端教育植入的有效办法。企业还应和药店形成良好的合作关系，甚至结成战略联盟，如企业以适宜的价格、优质的服务对某一药品实行独家供应。

加强零售终端推广的另一个重要措施是利用好医药专业媒体。国家食品药品监督管理局禁止处方药在大众媒体发布广告，但允许在医药专业媒体发布广告。药监局至今共批准了包括报纸、期刊和年鉴在内的近400余个处方药广告专业媒体，如《中国处方药》、《医药经济报》、《21世纪药店》报等。医药专业媒体的主要读者群是医药卫生专业技术人员和药店经营管理人员，对他们的定向宣传教育效果非常明显。随着我国医药经济的不断发展，国内一些医药专业媒体也得到迅猛的发展，其专业化和系统化的服务已经赢得业界的共识，其实际影响力甚至不亚于一些强势大众媒体，因此，加强与专业媒体合作，是处方药零售终端平台营销的重要内容。

4. 调整产品线，以OTC药带动处方药

企业要合理地调整产品线，将个别药品形成系列，推出拳头产品，增强市场优势。同时，开发OTC产品，或将一些处方药尽快申请“变”为OTC药，并使处方药与OTC药的品牌形象相统一，通过OTC产品在大众媒体的广告投入来提高品牌的知名度，强化品牌的形象，带动处方药的零售终端销售。以海王为例，在处方药广告新政策出台时，海王就着手研究相应方法，开始进行广告策略的调整，提出了“以非处方药广告投入加快品牌传播速度”的思路，并通过非处方药和保健品的广告，积累品牌资产，提升品牌形象。再如，美国百时美施贵宝也是以施尔康和百服宁系列品牌等非处方药的成功营销，带动了处方药的零售终端销售。

5. 开展疾病防治教育和义诊

对患者进行疾病教育和义诊是处方药零售终端宣传推广的有效手段，也是跨国医药巨头常用的推广方式。胰岛素方面的巨头诺和诺德把患者教育放在营销策略的第一位，公司请专家讲座、请媒体座谈、办儿童糖尿病夏令营，其一贯的理念就是“不必讲我们公司的产品，我们就期望大家都来做糖尿病患者的健康教育，最后战胜糖尿病”。处方药企业可就大众关注的以疾病防治、宣传为目的的一些主题内容，作为开展疾病防治教育和义诊的机会，如“高血压日”、“男性健康日”、“关节炎日”等。

处方药企业零售终端的推广是没有定式的。企业可根据自身的资源优势、药品特性灵活使用和创新。在网络经济日益发达的今天，处方药开展网络营销的作用也是不容忽略的。如对处方药企业网站的宣传，上海罗氏的减肥药赛尼可就避开了药品不能做广告的政策限制，以减肥会员网站“轻盈会”在各媒体上投放大量广告，同样收到了很好的宣传效果。

（二）突围之路

广告禁令的实施，是对药品营销环境的一次大规模的规范行为。从实施情况来看，可以促使处方药企业进一步规范自己的营销策略，进行创新经营，并促使企业走上健康发展的道路。因此，处方药企业应当抓住这一契机，认真剖析自身的营销病症，尽快规范与创新。

目前，处方药企业应从广告载体、品牌策略、产品规划、渠道创新等几个方面入手，实施零售终端平台营销的突围。

1. 抢占新的广告载体

国家规定处方药禁止在大众媒体上做广告，但对一些特殊载体，如药店内的灯箱、招贴，甚至药店里的各种设施等，没有明确界定是否属于“大众媒体”。在国家没有明确规定此类载体不可以做处方药广告之前，都可以成为处方药的广告新载体，而且这些新载体直接面向目标消费者，到达率高。

2. 创新品牌形象广告传播方式

烟草业在品牌传播方面的经验完全可以为处方药企业所借鉴。红塔、黄山、白沙等都通过做非烟草类的企业形象广告，达到了传播品牌形象的目的。而强大的品牌形象，带动了烟草产品的推广销售。

但值得注意的是，烟草业在做品牌或企业形象广告时，借助的是下属企业的“食品、橡胶、文化、经贸”等概念，而处方药企业在进行类似操作时，借用的“概念”一定要精心选择。因为药品有一定的特殊性，消费者对于生产企业的“专业性”较为重视。因此，处方药企业做品牌或企业形象宣传时，一定要选择与药品相关的概念，如“××健康咨询机构”、“××医药研究所”

等，使品牌与企业形象相吻合。

3. 建立规范、有效的沟通体系

处方药零售终端的平台营销沟通体系的作用尤为重要。这里所说的沟通包括两个方面：

（1）与药店店长、店员的沟通。这是做好终端促销的重要组成部分。对药店店长、店员要加大药品知识的培训，使其了解产品、信任产品，进而愿意更多地向消费者介绍产品。

（2）与消费者的沟通。这也是沟通体系中最重要的一环。做好售后服务，是做好与消费者沟通的最重要的内容。许多处方药企业在此方面有了成功的先例。江苏某医药企业将服务营销导入企业营销过程之中，将药品的“售后服务”作为销售服务计划的重要内容，以售后服务赢得消费者的认同，在无大规模广告投入的情况下，同样占据了一定的市场份额。

4. 零售终端平台营销模式的创新

处方药企业必须在零售终端营销模式上有新的突破，以适应新的市场形势。

（1）构筑战略伙伴型渠道关系。目前，处方药企业急需解决渠道成员的信任危机、渠道运作的效率下降等问题。解决这些问题的最根本思路，就是变以往的交易型渠道关系为战略伙伴型渠道关系，经销商、零售商等都可以作为联合经营的成员，这样可以通过供应链和价值链来增强市场控制能力和渠道规范能力。同时，可以使渠道成员的经营稳定性增加，利润空间增加，保证渠道的稳定与效率。

（2）变做渠道为做终端。新形势下，药品企业要牢固树立“终端制胜”的意识，加大终端建设的投入，使软硬终端都形成强大的优势，使终端成为传播和销售的最直接阵地。如青岛国风药业在苦甘冲剂的营销策划中，大幅度缩减电视广告的投入，把节省下来的资金全部用在终端建设、终端活动上，以强大的终端销售力赢得市场，2000 年以来，该企业每年的销量增长都在 80% 以上，充分显示了终端的威力。

（3）建设自己的终端销售网络。广告禁令发布之前，许多药品企业已经涉足药品终端销售，提升了企业的综合竞争能力。先后有58家企业获得了跨省连锁的资格，三九、同仁堂、神威、国风等药店连锁已经在全国迅速发展。通过建立零售药店，可以增加企业对终端网络的控制，提高企业经营的稳定性；同时，可以更有力地培养品牌的忠诚者和传播者，真正占领最有效的市场。这本来就是药品企业的良好发展之路，只是在广告禁令实施后，它的意义和作用更加凸显了。

当营销环境出现新的变化时，一定要有新的思路来适应新形势。但更重要的是要有未雨绸缪的意识，不断进行营销策略的规范与创新，把营销引入健康发展的高速路，才是既治标又治本的关键。否则，只会"临时抱佛脚"，使企业经营陷入被动。处方药的广告禁令所反映的问题，对其他行业同样有一定的借鉴意义。

五、处方药零售终端平台营销传播创新

从2000年1月起，我国把药品划分为处方药（Rx）和非处方药（OTC），实施药品分类管理。自2001年4月起，我国明令禁止处方药在大众媒体发布广告，处方药只能在医药、医学、医疗方面的专业媒体上发布广告，这对处方药企业来说无异于一枚"重磅炸弹"，使许多企业在营销传播的操作上迷失了方向。

失去了利用大众媒体进行产品信息传播的机会，10多年来，越来越多的处方药企业开始把目光转向药店的店长、店员，把他们作为营销传播对象。而作为最终消费者的患者，则开始从前台后移，甚至被打入"冷宫"。

如果从策略的角度来分析，这是处方药企业由"推"、"拉"并进的策略向以"推"为主、"拉"为辅的策略转型。在营销策略转变的同时，企业营销模式也相继出现转型和创新。"政策压力"孵化出新的营销模式，如DTC（直接面向消费者销售）、"二合一终端"（把医疗诊断、产品销售两大功能进行整

合，即药诊店模式）等直销模式，企业操作这些模式时更有信心、运用更加成熟。其实，这些模式的本质都是“整合药品销售与医疗诊断”，通过与患者面对面的沟通（或者说个人传播）和其他传播模式的整合，实现低成本、高效传播。这既有利于深度沟通，又有效保证了货款回收，为许多处方药企业带来了新的成功。

（一）营销传播原则

处方药营销传播的最高境界是什么？从零售终端平台营销角度来说，可以概括为：一是经销商经销产品有积极性；二是商业渠道终端——药店积极经营销售；三是就医患者指名点药购买，对企业、品牌、产品有一定的认知。

其实，这几方面也完全体现了处方药企业营销传播的重心。当然，想要达到这种“境界”在实际操作中并不是一件容易的事情，却是一种努力的方向。处方药企业可以通过整合信息、制造接触点、整合传播工具、整合营销策略，实现处方药最大化营销传播。

目前，大多数处方药企业采取的营销传播模式颇为雷同，这有其必然性。各药企在相对狭小的空间内操作营销传播，难免遭遇传播模式和策略的“同质化”，例如许多处方药企业都会采取学术会议推广的方式，以稳定渠道并实现促销目的。同时，处方药产品同质化严重（尽管产品有新药保护期和专利保护期），试想一下再用“同质化”的传播，必然难以触及采购人员、医生等目标群体的“兴奋点”，为滞后进入市场的产品带来了极大的推广难度。

事实上，无论是产品还是服务，处方药企业在差异化营销操作上的机会都越来越小，而在差异化传播方面的机会则较大、潜力也很大。首先，要克服在营销传播方面的观念障碍。实现传播差异化没有固定模式和法则，却有一个传播差异化的操作方向：模式差异化、策略差异化、工具差异化、接触差异化。

那么，如何建立面向有效人群的营销传播体系并实现差异化、最大化营销呢？关键要坚持以下几个操作要点。

1. 搭建有序的传播平台

这个传播平台要由处方药企业总部搭建，包括营销传播体系（模式、策略、工具、媒体等）、医学药学专家支援服务体系（聘用全国性、地方性专家）、客户组织体系（如店长沙龙、学术团体）等方面，这是开展营销传播的基础。

2. 强化实施分众传播

对于处方药产品，其营销传播受制于法律、法规及政策因素，因而主要是针对特定群体沟通与传播，而非广泛传播。

3. 以社会公益的名义

处方药以公益性质进行营销传播更容易为社会所接受（尤其卫生、医药主管部门、行业协会等），为药店、消费者所接受，大大降低企划方案执行的难度。

4. 以激励为核心手段

这里所说的“激励”，主要是针对药店店长、店员的激励，例如赞助其出国考察学习、继续教育等诸多激励，以此促进产品消费积累。

5. 企业形象不可忽略

想要企业品牌、产品具有一定的影响力，企业形象广告必不可少，目的是使企业、品牌、产品浑然一体。目前，北京同仁堂、西安杨森、华北制药等企业，良好的企业形象正在产品营销中发挥越来越大的作用。

6. 重点市场优先突破

在搭建全国零售终端营销传播平台后，可以按照以下程序操作：全国市场传播→重点区域市场传播→一般市场传播，这样有利于调度有限资源服务于优势市场，以最大化地服务于销售。

（二）营销传播手段

利用尽可能多的机会进行营销传播，理解起来简单，操作起来却不是一件容易的事。产品包装、产品陈列、售点广告、专业媒体广告、论文传播、广告促销品……这一系列概念似乎让人无从下手。通过对美国总收入高于25亿美元的处方药品牌进行研究，发现处方药营销推广的最有效办法是面对医院的主治医生，对消费者的宣传仅仅是一种辅助手段。这足以证明，专业媒体未必是处方药进行营销传播的最佳途径，却是必不可少的基本手段。对于处方药零售终端平台营销，医生处方的拉动正在发挥着越来越大的作用。

同时，囿于法律、法规等政策性限制，很多处方药企业在营销传播投入上产生了“有钱没处花”的感觉，甚至是困惑。其实，营销传播效果与费用投入之间是一种必要条件，而非充分条件。传播效果不仅与投入有关，还与操作手法有关。这个问题很简单，比如同样操作新品上市新闻发布会，有的在严肃中透着生动活泼，有的办得死气沉沉。再有，对于媒体传播有困难的信息，通过人际传播却可能实现，如“无效退款”、“保险公司承保”等承诺。因此，可以说在营销传播上没有实现不了的目的，只有想不到的方法。

（三）营销传播管理

在零售终端平台操作处方药产品，在营销传播方面有两个关键点：一是把握营销传播的节奏，准确划分营销周期，这是“局”；二是把握营销传播信息的脉络，有点（主干诉求点、分支诉求点）、有线（传播主线）、有面（产品、品牌、企业）。明确在不同的营销阶段做什么、怎样做，这样操作起来才能有条不紊。

1. 营销传播周期管理

处方药营销可以划分为四个阶段：预热期、升温期、沸腾期、恒温期，每个阶段都有不同的传播重点，都有灵活的操作方法。

2. 营销传播信息管理

处方药面向药品零售行业的目标人群有必要做品牌。可能大家会产生这样的想法：既然药店的处方药要靠医生的处方带动，那么处方药就不用面向消费者做品牌宣传了。其实不然。举一个简单的例子：预防药品作为未来社会的主流产品，仍需要处方药企业采取措施引导、提升潜在消费者的预防意识，并在需要时主动选择自己的产品。做品牌必须解决好以下几个问题：

（1）产品品牌名称规范化。这是一个很现实、很重要的问题，处方药品牌命名个性化，不能以产品通用名、学名用于传播，不能搞得过于复杂、难记。

（2）做企业品牌还是做产品品牌的问题。通过塑造企业品牌可以使企业在药店消费者中树立良好的信誉和威信，通过塑造产品品牌可以使药店在销售时作为主推。

（3）要不要采用大众传播媒体的问题。我们都知道，处方药产品不能在大众传播媒体上发布广告，但塑造企业品牌、树立企业形象离不开大众传播媒体，所以，要考虑传播方法和技巧。从理论上讲，品牌形成要经过多种社会力量（如专家、媒体、消费者等）的认可，但是，处方药由于产品的特殊性，首先要取得医学专家、临床医生的认可，这是一个准确而有效的切入点，然后再做其他社会力量的“工作”。对于处方药营销传播，除了品牌之外，还有另一个重要的信息诉求——功效。在品牌和疗效之间，在功效得以“认可”之后，品牌就显得更为重要，这是产品长久立足于市场的秘密武器。即疗效→品牌→忠诚度，这才是一个良性的营销过程。

一个能令受众兴奋并感兴趣的传播策略和传播媒介，莫过于能够把信息的接受和目标受众的个人利益结合起来。或者说通过传播能够让目标受众感知利益点，并以实际的利益支撑点加以支撑，这对于处方药零售终端平台营销传播来说是最关键的操作点，这就是传播激励。因此，在面向目标受众传播时最好不要采取“填鸭式”传播、强迫式传播和无激励传播。

六、制药企业开拓处方药零售市场的对策

（一）零售市场：制药企业的竞争热点

1. 药品零售市场成为新的增长点

（1）处方药与非处方药的分类管理，消费者经济上的日渐宽裕，生活方

式的改变，有助于推动消费者自行用药，并加速形成药费个人负担的趋势；老龄化的人口结构使得自我药疗的机会增加。

（2）政府部门为节约医疗处方费用而增加了对非处方药的宣传和政策支持。

（3）新的药品广告管理办法出台以来，只有非处方药才可以在大众媒体上做广告，而有关大众传媒广告方面的法规将放松限制，允许广告展示产品疗效和安全性，这将会进一步强化消费者对非处方药的认识，也增加了消费者有关非处方药的知识。

（4）新的医疗保险制度改革的实施，大病到医院、小病到药店逐渐成为趋势。

（5）医疗保险定点零售药店的逐步确定，使得处方外配成为可能。

（6）社区医疗的发展，扩大了零售市场的范围。在城市以外的广大农村、医疗保险还未覆盖到的地方，药品零售市场潜力更大。

（7）分销商的数量大幅度削减，但每个分销商覆盖的地域范围扩大了，渗透到的零售店也更多了，这从分销环节促进了零售市场的发展。

（8）全国和地区性连锁企业的兴起使竞争更加激烈，为消费者带来多种服务。中国市场的开放，使外国公司有机会投资药品批发、零售业和发展大规模商品零售企业（也可销售某些非处方药品）。

价格规范、折扣率低的处方药企业在这样的市场环境下，必须慎重研究和适当调整自己的营销目标，选择目标市场，进而制定自己的营销战略。

而在选择目标市场时，至少应把握以下标准：该市场有足够的发展潜力，对本企业有较大的获利可能；有利于发挥企业的内在优势，企业的营销手段有较大的竞争能力；有可靠的资源做后盾（如除处方药外，还有 OTC 产品），保证对市场的充分供应。

2. 开拓零售市场必须统一认识

（1）非处方药的市场主要在于零售。如果一个制药企业有这样的处方药：经临床应用证明有很好的安全性、疗效及疗效价格比，并且在医院市场取得了成功，那么它应去争取将这个处方药被政府批准为非处方药，从而扩大市场。

像泰诺在美国，必理通在英国的一些地区，都被医院作为止痛药的第一品牌来应用，在这一基础上发展成了非处方药。

（2）非处方药市场的门槛很高，但真正进入后，一定会获得长期而丰厚的利润。

OTC 药是品牌消费，OTC 产品品牌的栽培和推广是非常重要的。零售药品市场的成功很大程度上取决于消费者的认知度，这有赖于广告的宣传攻势和品牌效应，而广告投入是需要有资金做后盾的。只有成功的品牌，才有可能为企业带来长期而丰厚的利润。

（二）开拓零售市场的重要意义

同时运作好医院和药店零售两个市场，对于处方药企业具有重大的作用和意义：

1. 建立品牌

增加了向消费者和社会展示自己品牌和形象的机会，有利于品牌形象的建立。

2. 方便消费者

拓展了产品市场，消费者可以在医院之外的社会零售药店非常方便地购买到需要的药品。

3. 防止窜货

健全了销售网络，处方药企业对零售终端的管理将从根本上防范市场窜货。

4. 延长产品生命周期

处方药转成非处方药后，产品生命周期将大大延长。

据统计，一个新药作为处方药的寿命周期平均约 8 年，而转成非处方药后，平均寿命周期可长达 34 年，有的甚至超过 50 年，销售额可增加 4 倍。比如德国拜耳的阿司匹林，在市场上已有 100 多年了，从 24 万马克的销售额成长为现在的2亿马克。正如可口可乐把它的品牌延伸了100年，把市场做到了全世界，成功的非处方药未来就和可口可乐一样。

5. 增加效益

零售市场的开发，意味着新的消费者数量的增加，如果营销得当，一般情况下，可为处方药企业带来新的利润增长点。

（三）开拓零售市场的优势

1. 安全性和疗效优势

成功的处方药品如被政府批准为非处方药，该药品将在零售市场有着强大的产品品牌竞争优势，因为它的安全性和疗效已得到大量临床数据的充分证明。

2. 品牌优势

以处方药市场为主的制药企业在进一步开拓零售市场时，它的企业品牌形象将对零售市场产生积极的影响。

3. 网络优势

处方药企业已有一定的药品销售网络和产品推广经验，这是它进入零售市场的又一基础。

（四）开拓零售市场的对策

1. 调整营销战略

政策法规在变，市场环境在变，零售终端平台营销战略必须以变应变。在此，我们分享一下部分合资企业成功的零售市场平台营销战略。

西安杨森等合资企业在进入中国市场之初就提出了OTC发展战略：建立专门的OTC销售队伍；建立零售分销网络；大力推广OTC品牌，形成自己的拳头产品；不断进行品牌维护，使产品长盛不衰，产生巨大的利润。

成功的OTC品牌还有如上海施贵宝的施尔康、百服咛系列，西安杨森的吗丁啉、达克宁、息斯敏，中美史克的康泰克、芬必得、必理通，上海强生的泰诺系列（扑热息痛），上海罗氏的罗内（胃药）、散利痛，德国拜耳的阿司匹林、胃达喜（胃药）等。

2. 调整营销组织架构

（1）分设OTC事业部，将药品批发和药店合在一起归为零售终端，成立专门的零售队伍。绝大多数以处方药为主的制药企业，其现有销售网络存在医院市场和零售市场职能不清、渠道不清的问题，阻碍了零售终端的发展。医院业务员除做医院之外，也向零售发货，这部分发货一般自然消化，很少做终端促销工作，只为应付销售指标，既分散了做医院的精力，零售又做不好，且容易窜货。

针对以上问题，有效的解决办法是分设医院部和零售部，理顺零售主渠道，将必须通过药批走货的医院分出来。对于大的医院、连锁药店采取直销，减少中间环节，强化终端管理；而对个体药店、小药店等小型终端则选择分销商/药批走货。企业内部对医院部和零售部应该实行分别考核。

（2）市场部、广告部、医院部和零售部由同一个人来领导、协调。市场部、广告部、医院部和零售部这四个职能部门都应围绕同一个营销目标来开展工作，因为产品销售要成功，需要广告拉力和销售推力的共同作用。另外，充分利用企业在处方药市场（医院）的资源优势，将大大减少零售市场的运作难度和风险。所以，市场部、广告部、医院部和零售部由同一个人来领导、协调，便于加强沟通，防止工作脱节，减少资源浪费。

（3）在零售终端市场，将商业和零售终端促销分开管理。商业人员负责管理零售主渠道和控制进货价格，其职责是进品种、铺货和资金回笼。如果有医院从药批走货，则每月打出电脑流向单，将医院的销售分出来。

零售终端促销人员要统一管理，考核其陈列、促销和药店的档案建立等工作。企业内部对商业人员和零售终端促销员实行分别考核。

3. 零售市场运作方案

零售市场运作可以有以下三个方案进行选择。

（1）以现有零售产品为基础，先规范市场，再扩大零售份额。①产品选择。以现有零售产品为基础。②分销渠道选择。主要是理顺现有销售渠道，健全零售网络，对医院和零售分开考核，控制药品流向：医药市场不准发货，私人药店不准发货，与一些信誉差的药批停止业务往来；筛选信誉好、有规模的分销商与其建立关系；减少现金回笼比例；安排专人查药品流向，通过药批走货的，要查清医院消化数量、药批库存和发往药店的数量。规范价格，扣率低的药批不予发货，这样才能使整个市场的扣率逐步抬高。③零售市场推广。在理顺渠道的同时，筛选重点产品，明确市场定位，制定市场宣传推广方案并实施，通过重点品牌的推广提升零售份额。

（2）选择新产品，借助处方药医院推广的资源优势进入零售终端市场。①产品选择。选择有零售市场潜力的新产品，先进入医院市场销售，通过临床使用积累产品的疗效数据，取得医生的认同，同时对消费者也产生了影响，建立了一定的品牌忠诚度。这里需要注意的是，事先使用商品名是至关重要的，为零售终端平台营销和后期申报 OTC 产品奠定基础。②分销渠道选择。能直销的医院尽可能直销，将来的药品招标主要以医疗单位为主体，直销减少了中间环节，有利于降低销售成本，提高竞争力。对于大型的连锁药店及单个的大型药店也应当直接开户。另外，必须在处方药企业已有业务关系的批发商中选择一级批发商，让不能直销的医院通过药批走货，同时为零售市场（非连锁的零售药店、个体药店等）铺货。③零售市场推广。制订零售市场宣传推广方案并实施，扩大零售份额。

（3）选择新的 OTC 产品，直接进入零售终端市场运作。①产品选择。选择有零售市场潜力的新产品，主攻零售终端市场。这类产品如 OTC 乙类。②分销渠道选择。对于大型的连锁药店及大型药店应当直接开户。另外选择一级批发商，为零售终端市场（非连锁的零售药店等）铺货。③零售市场推广。制订市场宣传推广方案并实施，扩大零售市场份额。

4. 进入零售终端市场的其他策略

（1）产品策略。①首先产品必须安全性好、疗效确切，这两点是否得到满足是以临床数据和以往证明是安全和有效的历史数据为依据的。②包装量应考虑治疗期的长短和单位包装量的价格，使药店终端消费者能买得起，同时防止浪费。③标签必须使用消费者所使用的语言注明用法、副作用、适应证和其他须说明的内容。服用量的表述要易于让消费者理解。④包装形式应方便使用和储存。比如，治疗骨关节炎药品的包装设计必须方便患者打开包装。包装的外观设计要富于美感，以便于识别。包装结构的设计要方便药店陈列和储存。包装材料应能使产品保持一种稳定的状态，比如防潮。能显示产品是否被人做过手脚的特殊包装也可增加消费者对产品质量、安全性和卫生标准的信心。

（2）价格策略。处方药的定价应是在研究消费者需求的基础上进行的。要注意分析消费者的实际支付能力、需求强度及需求层次。如西药感冒药，其消费特征最接近于日用消费品，但它又终归是药品，属谨慎的消费行为，微量消费，需求弹性小。其包装规格应以 2～3 天的用药量为宜，达到缓解感冒症状的目的即可，单位包装价格应在 10 元左右或以下。病情严重的感冒则需要去医院治疗。通过采用合适的包装量和对包装材料进行经济的使用，可使单位零售价降到一个让消费者更能承受得起的水平。让消费者买得起是使消费者使用群体扩大的关键。

（3）广告策略。品牌宣传对赢得消费者识别和选购处方药发挥着至关重要的作用。①处方药是一个特殊的产品类别。一是虽有消费产品的特征，但消费者不能完全自主决策和购买，必须凭医生处方；二是有一般药品的特征，消费者有高度理性决策，有高参与性和不安全感。所以，处方药广告应充分针对病症向消费者宣传和解释药品的功能，进行真实、科学的产品特性沟通，注意提供基本的信心保证和信赖感，建立情感偏爱和品牌忠诚度。创意充满趣味性和娱乐性的广告更易于被药店消费者欣赏和接受。②专业传媒可发挥重要的作用；同时，零售药店店员培训计划、互联网和配合政府宣传等，在推广使用处方药方面也不容忽视。

（4）促销策略。①制药企业必须组建专门的针对药店终端的处方药销售队伍，要实现一定水平的区域覆盖，其两大任务是铺货和促销。②零售终端宣传材料、客户传单、货架招贴和固定陈列品（灯箱、货架）的使用是吸引消费者的重要手段。③向药店店员传授处方药知识和如何向顾客进行推荐等方面，处方药企业发挥着重要作用，这将有效提高店员的推荐率。④执业药师的推荐是推广和安全使用处方药工作的一个重要部分。它决定着药店终端消费者对药品的选择，决定着品牌忠诚度的强化。⑤由于经济发展和消费者收入水平方面存在地区性差异，因此，零售终端平台营销组合要因地制宜。

（5）区域选择策略。处方药企业进入零售市场之前，优先区域的选择很有必要，可以先试点，总结经验，然后推广。一个市场是否吸引人要看宏观经济因素，如收入、人口规模、药品的消费水平，要分析本企业在销售队伍规模、产品渗透和品牌认知度方面所表现出的实力，还要看媒体广告发布的成本。

七、处方药零售终端营销的平台模式

（一）战略联盟平台

1. 战略联盟的含义

战略联盟是影响两个或两个以上组织的力量，以达到战略目标的一种合作。它涉及一个长期的承诺，而不仅仅是为一个问题提供短期解决办法（如出现临时性生产问题时，需自外部采购零部件）。并且，战略联盟也意味着参与专案的各个组织将在协作中提供和调整资产与技能，而这些资产与技能将始终得到保护。协作的结果应取得战略价值，并对经得起竞争冲击和环境变化的可行专案有贡献。

一个战略联盟为实现一个战略目标提供潜在的力量——比如有快速、低成本、高成功率的销售远景。其道理在于，合作各方能够结合现有资产与技能，而不是在其内部创造新的资产与技能。

战略联盟之所以能在全球战略中起重要作用，是因为它对那些缺乏关键性成功要素的市场常常能起到补充作用。这些关键性的成功要素可能是销售、商品名、一个销售组织、技术、研究与开发的技能，或者是生产能力。如果要在企业内部弥补这些缺陷，可能需要花费大量的时间和资金。当一个企业在其他一些国家的业务运作中出现问题而举棋不定时，借助战略联盟便是减少投资、提高反应能力和降低风险的一个恰到好处的选择。

例如，在美国只有较少联盟伙伴的IBM，在日本却几乎与每一个有可能协作的公司都有合作关系。它与理光在低成本电脑销售、与日铁在系统集成块、与富士银行在财务系统销售、与奥姆龙在CIM及与日本电报电话公司在增值网络上都有联系。在日本，甚至还有一本题为“IBM在日本的战略联盟”的书。结果是，IBM被认为是在日本市场的一个主要的圈内公司，其竞争产品涉及各种部件和应用件。战略联盟就是这样成为全球竞争的关键部分。实际上，卡耐基就曾经讲过：“世界全球化促进联盟的产生，并使联盟在战略上具有绝对的重要性。也可能还会有某些不合适的因素——但这就是一条必然的道路，不管你喜欢不喜欢，在全球化的背景下，大家共同发展将使联盟成为必然。”

在中国药品零售行业，目前有各类联盟20多家。其中既有全国性的，也有区域性的；既有虚拟的，也有实体的；既有产品输出的，也有品牌输出的。

2. 战略联盟的作用

（1）创造规模经济。如某药店采购联盟目前的年采购量为22亿元，联盟会员销售规模高达200亿元。

（2）取得战略市场。如中国药店非药品采购联盟与非药品生产企业建立合作关系，以便在获得独有市场方面得到帮助。

（3）制定服务市场需求的产品线。如中国药店发展促进会与多家上游制药企业（包括处方药企业）联手，根据市场需要，调整产品线。

（4）获取低成本采购能力。如通过贴牌、委托加工，降低联盟成员的采购成本。

（5）整合资源，得到一个企业招牌或客户关系。通过联盟平台，整合资源，打通上下游客户，使联盟会员的经营更具外部性。

（6）提升管理水平。联盟平台通过集中培训，使联盟会员管理输出，人力资源共同开发共享，可使会员的管理水平得到提升。

（7）降低专案的投资成本。在某些场合，联盟内一家公司对联合投资的贡献可以是技术而非财务上的资源。

3. 战略联盟的主要形式

战略联盟分为两大类：一类是产品联盟；另一类是知识联盟。

（1）产品联盟。产品联盟是以共享资源和市场，降低成本，分担风险为目标。在经营过程中主要利用外部规模经济，实现资源共享，提高利用效率，以减少企业的生产研发及采购成本，降低转置成本。

产品联盟就是以产品为纽带进行市场运作，不存在两家共同开发的问题。20 世纪 80 年代初，进入我国的合资企业就是典型的产品联盟经营，合资企业实际是外国出技术、出资本、出设备，利用中国的人力和市场组成的联盟。这个产品联盟的实质是单向的知识流动，跨国公司属于知识流动的提供方。我国目前存在的各种联盟基本上是产品联盟为主。

（2）知识联盟。知识联盟是以开发新技术，控制新的国际标准，维持市场实力为目标的联盟。

在开发新技术、控制新的国际标准、维持市场实力三个方面，联盟间彼此的经营实力和经营资源都差不多，所以，企业间的知识流动是双向的。双方提供自己的专长，大家共同开发新的技术。

知识联盟是产品联盟发展的更高层次，它是通过产品实现的，但是它不是体现在产品上，而是体现在知识上。由于有了新的推动学习和创新的功能，通过企业之间的相互推动、相互协调，从而实现开拓创新。所以，知识联盟对于发展核心技术专长，打造企业核心能力是非常关键的步骤。

企业的知识联盟具有战略意义，对中国未来的经济成长，特别是对处方药企业核心能力的提升具有关键作用。

通用汽车在 20 世纪 80 年代曾被日本丰田、本田超过。通用公司吸取经验教训，制定了“土星计划”，即战略规划，又称战略联盟。它是最典型的知识联盟。通过与电子数据系统公司，与美国的一些汽车公司、一些飞机制造企业，以及一个农业机械工人联合会的合作，共同开发专长，实现了一场汽车工业的革命。后来“土星计划”还扩大到供应商、销售商。因此，企业通过建立知识联盟，可以增强自身的市场竞争力。

加入知识联盟分为确定适当的战略、谈判协商、选择合作伙伴、决定合作类型及组织、维护联盟五个层次。

1）确定适当的战略。①对企业一些重要的工作内容进行评估。确定哪些工作可以与合作伙伴联手合作，哪些工作可以各自独立完成。②有效利用合作伙伴的优势和资源。知识联盟是互相学习的过程，要通过联盟学习对方的长处，有效地利用合作伙伴的优势和资源，分析对方的优势所在，以便将来提高这方面的能力。③保护企业具有竞争力的核心技术。要对企业具有竞争力的核心技术进行有效保护，这样才能够保持企业的竞争优势。④对于战略联盟可能发生的失败要有所准备。因为目标不完全一致，水平不同，企业文化背景有差异，因此，药品零售终端的合作经常会发生摩擦。为了避免被已有的联盟制约，参加知识联盟的企业一定要制定应急计划，有准备，以最大程度地避免失败。

2）谈判协商。战略联盟双方需要一个相互适应的过程，谈判协商一方面一定要做好准备，把应该明确的东西明确，不能含糊；另一方面要特别考虑将来在谈判中是否还有其他情况出现，双方态度改变时该怎样应对等问题。

3）选择合作伙伴。合作伙伴的基本条件是诚实，其次是有创新意识，愿意接受新事物。

我国的处方药企业和药品连锁企业有一定的经济实力和技术实力，所以，对合作伙伴选择要慎重，要选择适合本行业、本企业发展的合作伙伴。

4）决定合作企业类型。企业类型是很重要的考虑因素，其中包括规模、所在地、核心竞争力、对于联盟的贡献、企业文化、企业的发展战略等，都应该仔细考虑，才能选择好合作企业。企业类型是建立高效知识联盟的前提。当然，在此过程中还要努力提高自身的实力。

欧洲空中客车是世界飞机制造业第二大品牌，但它的产品不是一家企业生产的，而是由德国、法国、英国、荷兰和西班牙五个国家共同生产的，并且每个国家占有的份额不同。德国有39%的股份，其他四国占有的股份与德国相比则相对较少。占有股份的多少是根据各成员的能力水平、业务专长，在企业中承担开发的飞机技术，在产品的生产过程中承担任务的重要程度或比例大小来决定的。虽然五国各自占有的股份不一样，但是空中客车毕竟是一方联合的一种知识联盟，大家互相需要，缺一不可。企业类型的选择，也就是知识联盟企业的选择，是企业良性发展的一个重要因素。

5）维护联盟。由于不同企业的经营状况和战略不尽相同，文化背景也不一样，联盟的管理者首先要承担艰巨的协调任务，各方企业必须全力维护联盟的运行。

药品零售终端联盟既有产品联盟也有知识联盟，企业核心竞争力发展至关重要的不是产品联盟，而是知识联盟。在参与知识联盟的过程中，一定要注意提高管理水平，提高人才素质，提高参与零售终端合作的知识水平。

（二）会展平台

在中国医药行业，每年都有大大小小各类展会，既有全国性的，也有区域性的，其中不少展会成为医药企业进行品牌、产品营销和资源整合的重要平台。例如，由中国医药集团主办的全国药品交易会、全国新特药博览会、医疗器械博览会，由国家食品药品监管局南方所、标点集团主办的21世纪药店年会，由企业和社会组织主办的中国保健品博览会，等等。

在医药行业外，广交会、北京科技博览会、上海工业博览会、深圳高交会、大连国际服装博览会、中国中部博览会等都具有很大的影响力。

综合分析上述会展平台特别是全国药品交易会成功营销的经验，我们发现，会展业价值链和衍生力的发展有着其内在的规律。相对于其他行业的会展平台营销，医药行业因其产品的特殊性，相对还很幼稚。这里重点探讨一般会展平台的营销规律。研究业内会展平台的成功经验，对于药品零售终端平台营销有着至关重要的借鉴作用。

1. 会展业状况

在全球范围内，传统的会展活动和参展人数不断降低，有现代理念的会展活动发展迅速。特别是现代传媒业的快速发展，数字化技术的不断延伸，让世界变得平面了。传统的会展理念、组织架构、运作方式、传播效应、社会影响等都发生了质的飞跃，人们对会展业的理解和需求也不同于以往，对会展业的社会市场功能期望值越来越高、要求越来越严。我国会展业自改革开放以来，发生了天翻地覆的变化，据不完全统计，我国现有相当规模的会展场馆 300 多家，会展场馆建筑面积达 700 万平方米，拥有 5 000 多个会展企业，会展从业人员达 15 万人（不含兼职），每年举办 4 000 多场次会展活动，会展收入达数百亿元。

会展活动中各种新媒体，特别是网络媒体凭借着海量信息、快捷的速度、多媒体和超链接等优点，对年轻人产生了极大的吸引力。网上会展成为时尚，并很快成为实物会展之外的会展宠儿。很多年轻人都愿花时间在网上浏览会展。在过去 10 年内，来自互联网的竞争改变了年轻人的参展习惯。截至 2013 年 12 月，我国网民数量已达 6.18 亿，互联网普及率为 45.8%。这大多是年轻人，这一群体获取资讯的渠道越来越倾向于依靠网络等新兴媒体。这种发展趋势导致会展业向数字化方向发展，对现代会展业提出了新的挑战。

会展业经营的生态已经发生了许多改变，而会展业自身却仍有许多问题，比如仍未根本革除束缚会展业生产力发展的体制弊端；会展业发展仍是粗放型的模式，新的更为集约化的增长空间尚待挖掘；等等。在这种情况下，会展业只有以全新的视角，分析产业的价值链的各个环节，根据新的形势及时调整产业结构并积极拓展资源的衍生力，才能在竞争中立于不败之地。

2. 会展业价值链的基本形态

产业价值链指的是以某项核心技术或工艺为基础，以提供能满足消费者某种需要的效用系统为目的，具有相互衔接关系的企业集合。会展业价值链管理的基本思想是：以市场为导向，以会展者和会展客户为主要服务对象，通过核心会展和核心会展品牌的推动作用，提高会展竞争力、市场占有率和利润增值率。一般而言，会展业的价值链主要由策展经营、场馆经营、推介经营、搭建经营、展务经营、拓展业务经营和增值业务经营所组成。这几个方面是现代意义上的会展业产业价值链的基本形态。

策展经营是整个会展业价值链中具有举足轻重地位的一项，是整个产业价值链最为上游的部分。对于会展业而言，策展创意是由多种内容元素构成的，包括市场调研、会展立项、组织架构、新闻发布、运营操作、安全防范、危机管理、效益评价等，是为了满足参展者特定需求的信息组合，从而形成市场整合、信息导向、视觉传播、价值分析、交流互动、洽谈签约等多方面的功能。

场馆经营是包括药品零售终端会展平台在内的整个会展业的主体业务，占了整个收入来源的极大比例。它将会展作为“商品”租给会展商，会展数量越多、规模越大、规格越高、购买力越强、专业观众越多、会展的价值就越高，场馆受益就越丰、品牌就越亮。

推介经营的成败，取决于会展明确的市场定位和高效的推介渠道。对于推介渠道的复合开发，可以实行推介价值链从单一增值向多环节增值的转变，从推介作为过去会展业的一个部门向独立的实体转变。

搭建经营的独立有效运作，可以带给会展业丰厚的回报。在医药行业，现在许多会展场馆都有经营会展搭建的工程部门，专门为参展商设计展位、施工搭建。社会上也有职业会展设计制作的专业公司。其中实力强的可与策展单位签约，承接会展搭建的主场服务，协助组委会管理会展搭建布展工作。如能充分合作、科学管理，使其具有自我成长的能力，则可以赢取更多利润。

展务经营，可以有效地利用会展业的无形资产以及品牌效应实现多种业务经营，提升会展业整体的竞争力。

增值业务的经营主要围绕着信息产品和信息服务的提供而发生。在信息时代，信息消费已经出现了种种变化，为客户提供量身定制、符合其需求的信息产品和服务而实现盈利，是当前以及未来会展业产业价值链变革的一个关键选择。

应以价值链接点来展开经营。一是横向的，可以开发各个会展品牌，并通过广告将其进行拓展和延伸发展。会展产业作为一种产业经济，有其特殊性，它面对多种客户，实现的是多次销售。为此，可以通过众多的信息产业的注意力予以整合经营。二是纵向的，可以通过整合其各个环节，来扩大经营领域，使产业价值链得到有效利用和充分挖掘。会展的三大主业是场馆、搭建和展务服务，应当重点经营。而其他以会展为主体所从事的多种经营活动，作为主业的一种补充，是壮大会展的一条途径，是产业价值链得以延伸的渠道，如媒体、宾馆、交通、电信、旅游、物流、仓储、银行、购物、娱乐等也不可忽视。

3. 会展业的发展衍生力

从会展业价值链的分析来看，资源共享主要体现在内容资源、管理资源、媒介资源、采购资源、人力资源、培训资源、网络资源、物流资源等至少八个方面。这些资源的共享和衍生，可以使会展业经营具备倍增效应，能够节省运作成本，获取更大可能的利润。

（1）人力资源衍生力。优秀的会展业生产和经营人才，永远是一种不可多得的稀缺资源，也是竞争中企业能够异军突起、脱颖而出的核心资源。在异地扩张或连锁办展中，人才资源，特别是高级管理人才的输出，是会展得以迅速成功的重要保障。高层管理人才的价值，主要体现在宏观决策、组织驾驭、管理创新、综合判断、推动实施等几种能力上，而这些能力的发挥，与具体的地方因素关系不大。高级管理人才处于管理金字塔中的位置越高，就越不受“本土化”因素制约，越容易在短时间内得到快速发展。

人才投资是最具效益的投资。香港、北京、上海、广州等会展业发达地区汇聚了国内一流的会展专业人才，凭借着这些人力资源，当地的会展业得以迅速崛起。目前，包括国药励展在内的许多会展企业在其发展过程中，已经培育和发现了许多优秀的会展策划、会展设计、会展研究、会展管理等方面的人才，对这些优秀人力资源的合理开发，可以使其在拓展创新中取得良好成绩。

（2）管理衍生力。会展业经营的一个重要手段是将一套已经取得成功的管理模式推而广之，以扩大优质管理的效益。现代会展业作为经济产业的市场代表，在组织架构、会展形态、策展方式、布展模式、财务管理等方面有其特殊的管理特征，其衍生力有独到之处。美国金沙集团公司是美国会展巨头，其复制管理的方法是美国会展业运作中的典范。该集团为下属会展公司提供的一项常规服务，就是将 A 展的成功管理经验推荐给 B 展。

我国许多会展业集团都是在政府办展的基础上发展起来的，作为各地区最强势的主流会展，往往拥有一流的管理团队和管理经验，这些资源具有衍生力，能够帮助其在新的业务上快速地提升和打开局面。也有引进会展管理理念和先进运作模式的，如德国的汉诺威展览公司在上海浦东新国际博览中心，就是把德国成功的国际品牌展会管理经验复制到中国来，取得了很好的业绩，体现出管理衍生力的魅力。

（3）品牌衍生力。会展品牌的作用是有利于受众对其形成接受偏好，可有效地提高会展的社会知名度和会展质量，从而在与其他展会的竞争中处于有利的地位。

一个展会、一场论坛、一道演示、一种展示设计都可以成为著名品牌。利用品牌效应可把会展系列化、连续化、巡回化等，使其产生品牌衍生力。这方面成功的例子很多，如中国医疗器械博览会、中国新特药博览会、北京科技博览会、上海工业博览会、深圳高交会、大连国际服装博览会、中国中部博览会等都是利用自身品牌，相继连续举办或异地巡回举办展会。可见，会展如能合理利用自身的品牌价值、独特竞争力和社会影响力，可以拓展更大的发展空间，开发更多的领域。

（4）业务衍生力。会展业在市场的支撑下，在利益的推动下，必然会在更大的范围内寻找和链接有助于自己“做大做强”的业务，并整合成一个有机的市场共同体或会展联合体。通过各个业务的深入开发，进行产业价值链的拓展，使之得到最大程度的增值。某种意义上说，会展业务体系走向整合发展之路是一种市场机制的必然要求。

会展业可以将会展的策展组织与市场规划，或者组展者与参展商、采购商、场馆主等联合在一起，组成会展经济共同体，即会展大平台。也可以与其他媒介的业务组织进行联合来扩大规模、降低成本、巩固会展的市场占有率。如药店博览会可与某专业报合作，赋予报纸整合广告、发行、印务、采编等资源，统筹经营会展品牌的权利。又如与旅游集团合作，开展会展旅游休闲活动，拓展下游业务，等等，都有良好的发展前景。

会展业的业务体系应及时调整和有效整合，明确各部门的功能定位，界定各部门之间的责、权、利关系，使其更具市场竞争力，并共同防范市场风险，不断提高会展危机管理水平。

（三）“第五媒体”整合营销平台

1. 新媒体传媒飞速发展

随着科技的飞速发展，新媒体越来越受到人们的关注，成为人们议论的热门话题。新媒体在业界的繁荣也使得学界对其研究进一步加强，而作为最重要的手机新媒体，更是开创了传媒的媒体新时代。学者杨春兰曾指出：“如今的手机已不再单单是通讯工具，它还担当起了‘第五媒体’的重任”。所以，人们将手机新媒体誉为继报纸、广播、电视、互联网之后的“第五媒体”。

2. 新媒体环境为数字化平台营销带来挑战

新媒体环境下传播主体无限增多，传播内容的海量化导致消费者注意力高度分散。在新媒体环境中，传播门槛降低，传播主体数量飞速增长带来的直接后果是信息绝对量的增加，然而过量的信息极大地分散了受众的注意力，反而不利于受众有效便捷地接收有用信息。据调查，在国内大中城市，人们每天面对的广告信息达 1 000 余条。面对如此纷繁的广告世界，消费者在海量的广告信息面前，注意力已经很难集中了，更别提记忆和采取购买行动了。

新媒体的迅猛发展对药品零售终端市场营销的冲击也是显而易见的。因为新媒体的出现，人们原本反感的简单化的药品宣传、药店 POP 等，效果变得不断弱化。

3. 新媒体环境下数字化平台营销传播的机遇

由于新的媒体环境正在逐渐形成，新媒体自身也正处于迅速发展的过程中，所以新媒体时代的数字化平台营销传播模式尚不成熟。即便如此，新媒体还是为数字化平台营销传播的发展带来了前所未有的机遇。

新媒体使品牌传播和品牌建构更加精准有效。新媒体的“精准”，使得它可以大胆地宣布“按效果”收取广告费用，这在传统媒体的品牌传播中几乎不可为。越来越多的处方药企业开始选择新媒体，也是因为传统医药专业媒体的广告效果难以评估。传统医药专业媒体在线上线下结合进行品牌传播上，远远落后于新媒体。

4. 手机新媒体数字化平台营销策略

对手机广播的研究不外乎“政策支持”和“运营模式”的探索。在手机媒体产业链中，内容提供商、移动网络运营商和终端设备制造商之间的相互合作发展是非常关键的。

就手机电视的发展趋势而言，尽管新技术的狂热崇拜者及追随者们，坚信手机电视是新技术催生下的又一颗“金蛋”，但手机电视受到受众心理、内容和媒介繁荣的制约，因此“手机电视是辅助媒介的主流想象”，“技术的指挥棒为人类指向的下一站，有可能是‘技术的高地’，也有可能是‘技术的漩涡’”。

有学者认为，现在也许还没有人认为手机报纸的用户会赶上或超过报纸网络版或印刷版的读者数量。但是，手机报纸确实是用一种 21 世纪的方式，向渴望得到新闻又忙于行路的公众提供了一种快乐阅读的享受。

手机新媒体传播是一种高度复杂的传播形式，是一个全新融合的平台，自我传播、人际传播、组织传播、大众传播等，都能够在这个平台上找到自己的空间。在没有掌握其规律和特点的前提下贸然出击，只会造成杂乱无章和效果甚微。因此，首先要认清手机新媒体的一系列特点，如受众范围广、直观性强、交互性强、高效性、高技术性等。

总之，要根据手机新媒体的特点去利用手机营销，根据不同的消费群体量体裁衣地制定营销方案，方能做到有的放矢，事半功倍。

（四）微信公众平台

从2012年开始，无论是室内广告还是户外广告，甚至是报纸、杂志等印刷品上面，都出现了微信号或者二维码的身影，于是微信营销开始了。医药企业也不例外。

1. 微信平台营销的现状

据统计，截至2013年3月，微信注册用户量已经近4亿。而且微信附身于手机或PC机之上，打通了传统电信通信和移动互联网的界限，并且满足了人们沟通互动的需求。微信是当前非常火爆的一款移动终端通信软件，支持发送语音短信、视频、图片和文字，可以群聊，还能实时对讲，是一种很好的营销方式。

例如，金象网微信公众账号于2003年6月14日推出“夏季常备防暑药”活动，盘点出金象网推荐的防暑降温药品，如清凉油、藿香正气、金银花等，并详细介绍各产品的特点及用法。对于广大消费者来说，正当夏季，生活必需，以此可以吸引消费者的眼球；并在文末注有“点击右上角，分享到朋友圈”的字眼，还链接有金象大药房网上商城网址。

再如，开心人网上药店微信公众平台主页底端更是个性化地设置了商品分类、在线药师、聚划算等三个栏目。点击“商品分类”后有三个子专区，分别是两性用品、男性专区、女性专区。点击“在线药师”后弹出“咨询医师”，患者可以进行有关疾病方面的咨询。

2. 微信平台营销的优势

（1）一对一沟通。可以直接对每个微信用户进行品牌情感沟通。

（2）消息推送及时。发送出去后，用户就可通过手机及时看到广告信息。

（3）广告投放精准。微信营销方式多样，可专门对某一地区或某一地点的微信用户进行投放。

（4）费用低。做微信营销几乎不用太多投入，成本较收入来讲，可以说性价比较高。

（5）操作门槛低。无需很高的技术含量即可操作。

与微博营销相比，微信最大特点是精准。微博营销只需要写 140 字，配个图，或者加个短链接便可。而微信营销需要内容承载网站，展示企业要求发布的内容，供粉丝深度阅读，或者借此承载网站，收集用户信息。

此外，微博营销重在内容撰写，微信营销重在用户互动。微博传播的特点——转发功能让好的段子配上“给力”的助手，一天可能就会被转好几万次。而微信却不同，好的段子，你也别想着它会疯狂传播，因为它是封闭一对一的沟通渠道。品牌要做的，就是针对每个粉丝，做好与粉丝的交流互动，解决粉丝的问题。微博营销只在粉丝间传播，而微信营销注重深度用户服务。微博营销赚的是转发量和眼球，而微信营销重在提供客户服务。

3. 处方药企业微信平台营销的对策

微信营销将如何服务处方药企业呢？可以重点关注以下几个方面：

（1）微信公众账号可展示企业及产品品牌。微信公众账号主要有实时交流、消息发送和素材管理等功能。通过微信渠道，企业可以将品牌推广给上亿的微信用户，减少宣传成本，提高品牌知名度，打造更具影响力的品牌形象。

目前，在制药工业企业中，包括步长制药、羚锐制药、振东制药、东北制药、齐鲁制药、先声药业、民生药业、扬子江药业、马应龙药业等都开通了微信公众账号。在药品零售企业中，包括老百姓大药房、华源大药房、国大药房、上海大药房、张仲景大药房等也先后开通了微信公众账号。特别是已经实现电子商务的网上药店更是如此，如金象网、药房网、开心人网上药店、好药师网上药店等。

企业微信账号现有的传播方式主要有漂流瓶、摇一摇、位置签名、二维码、开放平台、公众平台、语音信息、图文信息等几种方式，这些方式有一个共同点，那就是特别适合“推送信息”。从开通微信的药企来看，他们把经销商拉到微信阵营来，让一些骨干员工参与，组建起一支企业的微信大军。从发布的信息来看，主要有品牌信息、行业资讯、企业活动、官方网站、促销活动等，为企业宣传、品牌塑造、资讯推送搭建了良好的平台。

（2）微信公众账号或将成为电子商务的重要途径。微信营销模式的低成本性、高适应性、易传播性，正日益受到各商家的重视，这种二维码闪拍的销售方式，既方便了企业业务的推广和传播，也为用户提供了最便捷的消费通道，成为未来流行的营销方式。随着 80 后、90 后逐渐成为消费者主力群体，未来电子商务时代将成为一种趋势，企业不会丢弃网络这个市场，反而会在互联网中找到商机。如上文提到的，已经实现电子商务的网上药店都开通了微信公众账号。

（3）微信群是医药企业新的管理工具。微信群是腾讯公司推出的微信多人聊天交流服务，群主在创建群以后，可以邀请朋友或者有共同兴趣爱好的人到一个群里聊天。在群内除了聊天，还可以共享图片、视频、网址等。

鉴于微信群的特点，处方药企业逐渐将微信群作为一种新的管理工具。比如在营销团队，中层以上的管理人员可以建立一个微信群，用于重大营销方案的讨论、执行、通知。区域管理人员可以建立一个微信群，用于交流工作、分享成功案例等，其他还可以根据工作的实际情况，以工作内容、性质的不同，分别建立如“市场部微信群”、“山东大区微信群”等。

（4）朋友圈可实现精准营销。微信里的朋友圈已经是很多人分享生活的一个平台。不同于微博的媒体化，或者 QQ 空间、说说之类，朋友圈更重视好友之间的分享联系。微信里的朋友圈的双方有一定的熟悉程度，自然对对方的信息关注度就更高，营销更精准。

在微信里的朋友圈，同样可以推送处方药企业及其产品相关的信息，特别是新上市的产品，可以编辑成软文配上产品相关图片，在朋友圈里发送，关注效果会很好。例如，某处方药企业的新品上市，根据产品特性及目标人群的需求，企业编写了一篇关于产品的软文在微信里的朋友圈发布，一时间，圈里的同事、客户、朋友（粉丝）评论和转发络绎不绝，形成了良好的宣传效果，产品销势良好。

4. 微信平台营销未来趋势

无论是微博营销还是微信营销，处方药企业在营销推广过程中，已经由原来的“尽可能使更多的人知道”转变为“为需要的人群提供更多的产品和服务”。企业只有通过正确的网络营销方式，并把品牌信息传递给真正有需求的客户，才能实现最大的营销效果。而微信就是这种精准营销的雏形，它符合了企业对精准营销的要求。

目前，以微博、微信、二维码等手段形成的微营销十分火热，不少处方药企业表现出跃跃欲试的姿态。医药行业使用微信的企业在逐渐增多，但大部分还处在初步应用阶段。随着微信功能的进一步升级，以及人们对微信形成依赖性，微信将会在处方药企业营销中发挥越来越重要的作用。可以预测，处方药企业将通过微信完成从市场调研到客户管理、客户服务、销售支付、老客户维护、新客户挖掘等的一系列工作。

第五章　处方药零售终端平台营销理论与实务（下）

一、处方药零售终端平台营销的综合要领

中国医药消费金额的近八成产生于医院渠道，也就是我们平常所说的处方药市场；其余两成多则来自于零售终端市场。从营销实务来说，两个市场的操作是完全不同的，前者工作的重点在于开发医院，具体方法有学术营销、带金销售等。对于处方药市场来说，医生处于相对强势的地位，因为患者是没有选择余地的，唯一的选择只能是尊重医生；而 OTC 市场则完全不同，患者站在货架前是自主的。因此，零售终端营销的重点，在于解决如何让患者从货架上诸多竞品中选择自家产品的问题。这个问题解决得好不好，直接关系到企业的实际销量。

目前市场上卖得较为火爆的一些处方药产品，之所以能在市场上表现不俗，风生水起，除了企业品牌运作的长远眼光外，无一例外，他们对产品功能特征都做了形象生动的诠释和注解，通过充分整合媒体资源优势和强化终端管理，不断打造强势营销。其中，有的产品推广基本上是按保健品的运作策略和思路进行排兵布阵的。一般通过多样化、生动化、典型化的活动促销方式，迅速聚拢人气，营造营销氛围；同时，通过面对面的沟通，积累客户数据库，不断丰富和延伸营销手段，使市场由单一的药店等渠道，渐渐拓展到社区、街道、广场……，使产品的形象、理念和功能定位逐渐深入人心。

（一）处方药与非处方药的营销区别

处方药与非处方药是相对而言的，是药品分类管理的两个分支。处方药

（Prescription Drug，即 Ethical Drug，简称 Rx）是指消费者必须凭执业医师或助理执业医师处方才可调配、购买和使用的药品。非处方药（Nonprescription Drug，在国外又称之为可在柜台上买到的药物，即 Over the Counter Drug，简称 OTC）是指不需要凭执业医师或助理执业医师处方，消费者可自行判断、购买和使用的药品。

由于处方药和非处方药药品在品种结构、经营方式、政策限制和消费行为模式方面均有较大的差异，因此，处方药与非处方药各有其营销特点。

1. 主要服务对象不同

处方药以医生为中心，而非处方药直接面对消费者，以消费者为中心。非处方药制度的实施，是将大量用于治疗常见疾病的非处方药药品，更多地通过零售渠道进入消费者手中，实现药品与消费者直接见面。同时，消费者可以从药店获得药品性能、适应范围、用量用法及注意事项等各方面的咨询。由此可见，非处方药药品市场不同于处方药的最大特点是：前者以消费者为中心，后者以医生为中心。非处方药比处方药显示出更多一般消费品的特征，是一种需要通过市场营销手段进行推广的药类商品。所以，消费者的意见具有至关重要的作用。直接面对消费者愿望和需求的敏捷反应，是非处方药市场发展的前提。

2. 竞争优势不同

处方药多为新特药，非处方药多为常备药品，品牌效应显著。处方药具有专利技术方面的竞争优势，竞争者进入壁垒高。非处方药多为治疗一般疾病的常备药品，如感冒药、止痛药、肠胃药、皮肤药等。非处方药生产技术工艺比较成熟，不存在专利技术方面的竞争优势，竞争者进入壁垒低，市场上同一种非处方药药品往往具有多个品牌。在激烈的市场竞争中，企业主要靠品牌商标来保护自己的产品，消费者则主要通过认识品牌来保证所购药品质量的安全性和有效性。据统计，品牌非处方药销售额占所有非处方药的 65%。

3. 销售渠道不同

非处方药具有更广泛、便利的销售渠道。非处方药药品是消费者基于对病情的自我诊断，借助药品说明书或医师、药师对所购药品的性能、用法提供咨询而进行的自我治疗。因此，其供应比处方药有更广泛、便利的渠道。它不仅可在医院药房领取，而且可在药店、超市、便利店销售，甚至在不发达的边远农村还被允许在农贸市场交易。

4. 来源不同

非处方药药品品种的增长主要来源于处方药向非处方药的转换。如某一处方药经使用一定时期（国际上通常为6～10年）公认确有疗效，确认该药非医疗专业人员也能安全使用，并向国家药监部门申请批准后，可转换为非处方药药品。

5. 广告管理宽严不同

相关政策法规对处方药的广告管理更严格。世界各国对处方药和非处方药药品的广告宣传管理规定不尽相同，但均严格规定处方药不得在公开媒体上做广告宣传，其产品信息只允许在医学专业杂志上传播，宣传对象仅限于医师、药师等专业人员。而非处方药药品可面向消费者做广告，但需统一管理，根据《药品广告审查办法》规定，药品广告在颁发前须经药监部门审查。

（二）把握机遇，加强零售终端市场整体布局

随着新医改政策的出台、全民医保目标的实现，消费者自我药疗保健意识逐渐增强，将进一步推动药品零售终端市场的发展。中国到2020年将成为全球最大的药品零售终端销售市场，跨国药企正在加快对这一市场的“鲸吞”和“蚕食”。例如，2009年，先灵葆雅对开瑞坦的宣传促销开足了马力，在广告投入方面，仅网络宣传板块就投入了238万元人民币，电视媒介的广告投入更是达到2.2亿元人民币。还有齐鲁制药、滇虹药业等，也都纷纷开启了进军药品零售终端市场的战略。

目前，药品零售终端板块在医药行业中市场化程度最高，未来上游药品零售终端营销团队与零售终端的合作必须以市场经济的规则为准绳，尤其在市场布局、渠道架构设置、终端市场细分等领域，要与市场充分对接。显然，要开

发药品零售终端市场的潜在空间，必须对市场有足够的分析和把握，经过深思熟虑，在适应市场环境的过程中逐步求变。

为此，处方药企业要从产品战略、品牌战略、渠道与市场战略上重新布局，以适应环境变化后的市场竞争。

1. 搭建营销平台，整合渠道力量

设置合理的利益链条，建立有效的沟通机制，借力工商合作，实现互利共赢。

为此，制药企业的选择是：进行营销渠道的变革，改变以往惯用的画地为牢的区域经销制，应对跨区域连锁日益增多的趋势，通过企业总部与各分部的合作，推进营销团队在零售终端市场的整体布局。同时，适应大医疗时代的市场变化，将社区卫生中心作为零售终端市场一支新的生力军，纳入零售终端营销的范畴。

近年来，零售终端的地位不断提升。随着工商合作的加强，药企的营销工作越来越多地直接下放到终端。而政策环境的变化，也引起了药企对销售渠道的思考。搭建终端营销平台，整合销售渠道成为营销工作的一部分。据了解，目前不少药企已着手对零售渠道进行整合。齐鲁制药未来的目标是要形成药店终端、医院终端和消费者的整体联动，整合出一个严谨的销售网络。广东某药业的 OTC 销售策略也明确了加强与零售终端的直接对接，它们与海王星辰、大参林等百强连锁开展合作，目标是向终端直接供货，减少供货环节。

（1）直供药店终端。连锁药店实力的增强，对工业上游形成了倒逼机制，工业直供终端和通过采购联盟直供终端趋势凸显。

经过 10 多年的发展，我国药店的连锁率显著提高，连锁药店已形成气候；海王、同济堂、开心人、老百姓等一批连锁药店先后通过各种方式融资成功；一批工业资本介入连锁。我国连锁药店扩张并购显示出明显的“马太效应”，强者愈强、集中度明显增加。而中小连锁药店也不甘落后，纷纷奋起自救，于是联盟蓬勃发展。迫于形势，上游制药企业不得不开始重视并选择直供零售终端，以确保自身的生存和发展。

例如，通过直供或者联盟直供不同品牌、规格和包装的产品来运作 OTC。一些聪明的品牌药企经过研究发现，品牌药之所以达不到连锁药店的毛利率水平，是因为品牌产品在零售终端被当作了价格标杆。大家打价格战的结果是，品牌产品的价格一路走低，最终导致品牌产品在连锁终端销售，药店无钱可赚。如何解决这一难题呢？他们想出了报批不同的品规和设计不同的包装。这种规格以大包装提高了客单价，且不给传统流通渠道供货。由于这类产品没有在市场上流通，因此，只要销售到规定的价格，连锁药店的高毛利还是有保证的。此外，品牌产品直供连锁以后，由于连锁只在自己的渠道中专销这一品规，自己是不会拿这个产品和自己打价格战的，于是品牌产品的价格体系也就趋于稳定，不用再维价了。目前，这一营销举措已逐渐成为一种流行趋势。

（2）携手药店联盟。各地药店采购联盟迅猛发展，成为药品零售终端不可忽视的渠道力量。目前，采购联盟在全国性联盟的带动下，在各地星火燎原，汹涌澎湃，呈现出突飞猛进的发展趋势。它们存在的形式有以下几种：一是以松散方式出现；二是以产品代理为主的医药公司身份出现；三是以区域性独家配送商的身份出现。有些只代理品牌药品，在药交会上也异常显眼。

这些联盟采取对会员提供额外价值的方法，吸引会员，培养会员忠诚度，联盟内产品销量稳步上升，效果显著。例如，有采购区联盟以定期的、内容丰富的经营管理培训和产品知识培训，为会员提供具吸引力的增值服务。

药店联盟将是处方药企业不得不重视的渠道力量。作为未来渠道战略的一部分，处方药企业只有通过调整原来商业流通公司覆盖所有终端的渠道策略，先人一步，才能最终走出同质化渠道与价格战的营销困局。

2. 转换零售终端平台营销团队的角色

处方药企业要想在零售终端市场取得一席之地，就要有适合的商业模式。商业模式的推广并不在商业模式本身，而在于是否具备一批熟悉并领悟这一模式的人，这就对未来营销团队的专业化提出了要求。对专业的定义不仅包括员工对药店销售品种的了解，还包括员工对产品陈列、门店环境氛围，以及对产品知识的掌握。因此，未来上游处方药企业零售终端平台营销团队的角色职能也面临转变。主要有以下几个方向：

（1）处方药企业营销团队在终端的主要工作逐步转向品牌推广。如福瑞达药业的营销队伍已经将产品的品牌形象与陈列放在营销工作的首位。

（2）营销人员应成为产品知识传播专家、谈判专家和药店零售专家。未来业务员的素质能力必须有质的提升，数量在精不在多。

由于传统的跑店、陈列、铺货、理货、促销等工作已经不需要再做，或者不能做了，比如，连锁不主推你的产品，一切终端工作都将失去意义；如果达不到高毛利，即使天天去谈，产品也进不了场。处方药企业要取得连锁药店全方位的支持，必须具备高水平的谈判能力和技巧，才能取得终端客户的认可。此外，不会培训产品知识，即使产品进了店也很难实现销售。因此，如何在一定层面上与店员进行产品知识的深度沟通，将成为药企营销传播的一大难题。如果不能成为药品零售方面的专家，你就无法与连锁店长和中层，甚至店员作深度沟通，他们就不会认可你，你也就无法搞好顾问式行销，更无法保证平台营销的效果。

3. 品牌药时代正在回归

从零售终端对品牌药品表现出强烈愿望的现象来看，品牌时代正在回归。品牌药品对于连锁药店巩固忠诚顾客显得尤其珍贵。目前，许多药店开始借助上游的资源和对自身营销能力的挖掘，寻找属于药店自身的竞争优势。这为上游品牌药企在零售终端营销战略中凸显品牌优势带来了曙光。

新医改政策是为了解决消费者基础医疗用药问题，而解决高端消费群体的用药需求，则是品牌药企要与连锁药店联手的动因。未来品牌处方药企业在制定零售终端平台营销战略时，必须考虑如何运用品牌药品在终端的优势，加强对连锁药店的渗透。

近几年终端博弈的结果进一步证明了品牌在竞争制胜中的重要意义。例如，我们看到，越来越多曾下柜的品牌药，在顾客的强烈需求中，不得不重新回到了柜台；而那些曾一时替代了品牌药的高毛利品种，也因其销售额太高造成的负面影响，使得药店不得不放弃销售，转而鼓励店员销售品牌产品。因此，处方药企业塑造品牌是一项非常重要的工作，品牌溢价可使药企在同质化产品的包围中卖出高价。

4. 提升产品价格体系

非处方药和品牌药成为价格战首选和价格标杆，是连锁药店竞争的无奈之举（其实连锁药店也是价格战的受害者），也成了品牌产品的硬伤。这就是混乱的、一路走低的价格体系。近几年一些品牌药开始重视价格体系维护，但都是短期的、局部的、无奈的营销举措，如果终端价格长期倒挂，连锁药店不愿卖你的产品很正常。当品牌产品在终端价格体系提升了，毛利水平保持在30%以上时，连锁药店是非常愿意卖的，因为推荐品牌产品，店员一是没有心理负担，二是容易实现销售上量，实现药店下达的销售指标。

因此，目前处方药企业应该系统、持久、全面、有战略性地采取措施，提升产品在渠道和零售终端的价格体系，保持有吸引力的渠道价差体系，这就等于提升了渠道的推动力，产品才能快速流动，尤其是在终端环节，“药店愿卖”对产品销量至关重要。

当然，维护价格体系要从内外等多方入手。首先，要解决内部激励的问题，避免压货，严格控制好各级商业的出货价格体系等；其次，要建立渠道和终端价格体系维护队伍，设立相应的基金；再次，调整好渠道策略，不随意放货，不无止境地向市场要销量；最后，要组织严明，严格执行维价措施，把终端维价当成政治任务来完成。

（三）坚持不懈地开展营销创新

1. 借助营销创新，力求工商双赢

处方药产品能否做成渠道、终端和消费者一致认可的品牌至关重要，这是产品市场扩容、成就更加强大的产品品牌的必由之路。当前，处方药企业要实现消费者市场扩容，单凭渠道压货、渠道深度分销等传统手段已经很难了，必须对消费者进行持久的培养、沟通和广告拉动；同时，必须对终端店员进行形式多样、方法多样的持续培养。而这一系列的工作都必须借助营销创新。市场

扩容是一个系统的创新工程，要多管齐下，持之以恒，才能切实拉动市场。

随着医疗费用中消费者自付费用比重的增加，消费者自我保健意识和综合素质的不断提高，到药店购药的人越来越多，药店销售在整个医药市场所占的份额亦越来越重。医药生产企业必须有效拓展药店这一市场领域，巩固医院、诊所等临床营销渠道，学会两条腿走路，才能不断创造企业的销售奇迹。药店零售营销与医院临床营销有许多不同之处，在运作中需做好以下两个方面的工作：一是清晰地描述企业的产品市场运作思路、区域市场布局、销售政策等，使连锁药店对产品的市场成长充满信心；二是结合产品的市场特点，就门店盈利模式和技巧提出相应的方法指引以及市场操作要点，使连锁药店感受到企业长线运作该品种的姿态，形成共同成长的经营理念。

（1）借势连锁药店的品类管理。目前，零售终端市场药店的连锁化形态正逐步形成，连锁药店专业化、集中化、销售额逐步增大的特征越来越明显。通过调研发现，目前连锁药店在经营过程中越来越重视品类管理，一些药企的拳头产品很适合作为主推品种，为企业产品进入零售终端市场提供了一个很好的契机。

如果药企在各地的办事处能与各主流连锁药店进行资源合作，让产品进入连锁药店的主推品种目录，通过药店店员进行消费者教育和推荐，产品就可以顺利实现低成本运作——药企需要投入的只有产品（部分赊销，回款周期会相对长一点），市场推广的主要职能由连锁药店来完成。在市场推广上，药企重点做好销售服务工作，如产品知识培训、产品终端拦截技巧、产品终端店员推荐技巧等，通过连锁药店的资源延伸企业营销的触角。

接下来的问题是，药企如何让各地区的主流连锁店心甘情愿地推广产品。即使该产品有一定的处方市场带动，为企业和连锁药店的合作打下了一定的基础，但连锁药店依然很关心的一个关键点就是“利润”。目前，连锁药店主推品种中高毛利产品的利润水平一般要求在60%左右，运作比较好的一些产品可达到75%的毛利。如果按此水平给连锁药店供货，企业虽然还是有一定的利润空间，但这些利润已经无法支撑产品全方位的广告投放和市场支持，只能满足对连锁药店的销售服务工作。按此思路和产品政策，药企与各区域主流连锁企业进行谈判时，许多连锁药店都同意让产品成为它们的主推产品，产品毛利率水平也可以接受。至于如何把它卖好（要有销售量），则需要企业和连锁药店双方共同努力。如果企业产品的供货价格和利润太低，致使市场上没有营销团队对产品进行必要的销售服务，单靠连锁药店的门店资源和力量，将很难将产品卖好；即便是连锁药店各门店非常愿意销售你的产品，也会因对产品特点的掌握不准确而无法正确发力，最后导致销售受阻，销售量很难稳步提升。因此，单纯靠降价来换取连锁药店的主推支持是不可持续的，还必须及时培训店员，教给店员科学、合理的推荐产品的经营技巧。

（2）资源互换，做好专业支持和销售服务。和连锁药店进行资源互换（目前已经有很多制药企业开始做这样的营销工作了，如德国先灵、山西亚宝、山东福瑞达等），形式上是帮助连锁药店对店长、店员等门店人员进行经营技巧的系列培训，但其中加入了产品的专业知识教育和市场销售技巧等内容，这是一种真正的“双赢”。

一般来说，处于发展前期的医药产品并不适宜在大众媒体投放广告，因为市场风险大。而产品在临床上的销售对 OTC 市场有着一定的广告宣传作用，因此，可以考虑以与连锁药店的战略合作为市场切入点，通过双方的资源互换，达到资金投入量小而销售回报有保障的目的。等有了一定的市场积累后，在销售量上较好的区域，可考虑将产品转移到渠道商以整体代理的方式，利用渠道商的资金支持（这个时候就比较容易获得代理商资金投入的支持了），再考虑媒体广告的配合，将宣传面进一步扩大，使产品销售迅速攀升。

具体的营销准备和实施工作包括：切实开展对连锁药店的专业支持，强化企业市场部零售终端平台营销部分的功能；编写好“产品推荐专业知识手册”、“妇科产品柜组店员培训资料”等，内容务求贴近实际需要和可操作性，如常见妇科疾病的诊断治疗、常见妇科疾病用药的 10 种药店推荐技巧、药店店员组合推荐药品技巧，等等。同时，配备好高素质的产品经理和能够承担与连锁药店进行谈判，并可协助连锁药店进行店长和店员培训的专业人员，为区域服务人员提供针对药店经营和管理的技术支持。

2. 深耕药店终端，确保销售增长

（1）及时收集市场信息，做好市场调查，为营销决策服务。区域销售人员转型为销售服务人员，进行市场反馈信息的收集和销售政策执行后的跟踪，包括连锁药店的需求和希望、公司对连锁药店推广产品的支持效果等，同时，督促连锁药店履行协议所承诺的配合措施和资源投放。

进行市场调研，应建立翔实的药店档案资料，包括：①药店的详细地址、邮编、电话号码；②药店的性质：国有、集体、个体、股份合作或其他形式；③药店主要负责人、主要目标营业员与坐堂医生的姓名、喜好、联络方式等；④药店的进货渠道、付款方式以及资信情况；⑤药店的经营规模、营业面积、经营品种，是否连锁经营，生意状况如何，以及与本企业有关联的同类品种的各种情况；⑥观察店堂内能否开展促销活动，哪种促销形式最为适宜；⑦了解店堂内有何终端促销用品，何种终端促销用品效果最好，药店对终端促销用品有何建议。

对以上7个方面的调查数据进行详细的分析、整理、归档，并对药店进行级别评定，可分为A、B、C三个等级。A级：为当地有名的大药店和连锁药店。B级：为规模较小，但生意较好的药店，一般为商场、超市药品专柜，人口流动大的区域的中等药店。C级：为那些生活区和郊区便民小药店、小诊所、小食杂店的便民药品点等。

同时，加强信息反馈工作，为零售终端平台营销决策服务，还应做好以下工作：①注意收集各类信息，如人员变更、店址变更、进货渠道变更，以及经营状况、竞争对手相关情况、自己产品销售情况及相关情况；②坚持有目的、有准备地收集信息，并进行分析总结归纳；③加强信息的双向交流，并保持畅通，保证下面的信息及时传上去，上面的政策、方案及时传下来。

（2）建立机构，划分区域，制定方案。①建立与药店零售相对应的机构，进行细致的分工和职能划分，科学有效地实施全方位、全过程的营销管理；②根据调查的市场数据，对市场进行科学的区域划分，定员、定岗、定职责；

③制定一套详细的市场供销方案，包括详细的渠道策略、详细的促销策略、详细的人员管理办法及系统的数据库表格等。

（3）铺货率的高低是药店零售经营成败的关键。①根据调查资料制定合理的铺货线路，以利于节约时间，提高铺货效率。②A、B、C 三类药店同时铺货，A、B 类店要争取高比率的铺货。③铺货形式一般有：商业推广会形式铺货、自然流通形式铺货、人员拜访形式铺货等，可单独使用，也可以综合使用。④铺货数量第一次不宜大，待摸清月销售量情况后，再制定详细的铺货量；对于现金拿货，可以适当加大铺货量。⑤铺货的地理位置选择，可以先从医院附近、人流量大的地方的邻近药店开始，尤其是那些在医院销售较好的药品，会起到医院带动药店零售的效果。⑥铺货时可多品种一起推广，只要客户愿意接受，但一定要控制数量。可以介绍医院和其他药店的销售情况，增强药店经营者的信心。⑦铺货一定要按药店、品名、日期详细地填写铺货记录，注明药店当日值班人员，并请其中某人签收。⑧铺货要尽量争取现款现货，第一次可以给一定的铺货奖励；如果是赊销，要严格控制数量。对于小药店和个体药店要坚持现金原则铺货，在启动期如不能铺进，也不要急，待市场启动后，不愁货铺不开。⑨对于个体药店和承包性质的药店，铺货价格应高于医院的铺货价格，以防止其降价竞争冲乱价格体系。⑩铺货不是目的，销售才是关键，在铺货中不要急躁。同时，对待药店所有人员要始终充满友善、热情、微笑，要树立为客户赚钱的理念。

（4）人际关系要到位，拜访、慰问是药店终端营销的重要环节。

①拜访、慰问的对象主要是经理、柜长、营业员、店长、坐堂医生等。②拜访慰问的好处有：顺利地实现铺货和回款；有利的陈列位置和宣传位置；营业员和柜长会成为企业的业余销售代表，促进产品的销售；可以有效防止产品断货和脱销情况发生；便于及时掌握市场动态，尤其是竞争对手的情况，做到知己知彼，时刻掌握主动权。③拜访中始终要保持自信、友善、热情、微笑和诚信。④拜访中要主动帮助药店解决一些问题，如换货等。⑤合理制定拜访线路和拜访频率，注意维持老客户，开拓新客户，只有这样，才能保证销售业

绩稳步增长。⑥拜访过程中要合理地使用公司礼品，掌握人的心理，有节制地发放礼品，既要让对方感觉到礼品的珍贵以及企业对他（她）的重视，又能有效地节约销售成本。

（5）加强药店的宣传布置，合理使用各种营销手段。

铺货和拜访时，应加强产品的理货工作。产品本身就是最好的广告，因此，要争取最佳的陈列位置。在具体操作中，本企业产品尽量与同类集中摆放，扩大产品的陈列面，且使产品处于最佳视觉位置；也可设立专柜销售。

根据不同类型的药店制定不同的宣传布置方案，并遵循以下原则：①广告宣传用品要争取使进店消费者第一眼看到；②广告宣传用品的粘贴摆放要规范，要产生美感；③宣传布置要独特，有个性，宁缺毋滥；④要与药店协商好，争取支持；⑤注意不要违反当地环保法规。

（6）准备好相关市场支持的物料体系，合理使用各种促销手段。主要目的是为连锁药店提供强有力的产品宣传和推广工具的支持，包括两个方面的物料：

1）市场运作手册。主要内容有：①企业综合实力展示。给连锁企业以企业实力、企业运营状况等方面的良好印象，解决连锁企业对于企业信任度的障碍。②产品市场空间阐述。通过对产品类别的市场分析，明确该类别产品的市场空间、竞争态势、营销模式，对连锁药店提出明确的盈利空间诉求，使其对产品充满信心。③产品运作思路描述。清晰地描述企业的产品运作思路、区域市场布局、销售政策等，规划产品市场的成长轨迹，使连锁药店对产品的市场成长充满信心。④连锁药店门店盈利水平提升的操作指导。结合企业产品的市场特点，就门店盈利模式和技巧提出相应的方法指引，并结合产品指出市场操作要点及工作解决方案，使连锁药店清晰地理解企业与经销商共同成长的经营理念。

2）市场推广手册。主要内容包括：①市场推广策略阐述。使连锁药店正确地认识到该产品在市场竞争中的定位及产品企划方向，对产品的销售建立起信心。②市场推广计划。通过对产品的市场推广计划、媒体广告计划、终端促销计划等的阐释，使连锁药店了解企业市场运作的具体手法和运作策略，了解企业对该品种的市场投入计划，以激励连锁药店投入更多的门店资源推广产品。③市场推广工具展示。如展示企业产品广告片、平面广告、终端物料、赠品系列设计样稿，使连锁药店对公司的推广力度产生信心，建立起企业在市场运作方面的专业形象，使连锁药店对企业推广计划、推广手段产生认同，建立起彼此间产品运作的信心与获利期望。④市场投入预算与效果分析评估。系统地进行市场投入产出比、推广时间计划与推广效果评估等方面的阐述，客观、科学地进行市场状态和市场回报预期的分析。

二、处方药零售终端平台营销的产品策略

对于国内医药企业而言，为某一个处方药品量身定制合适的零售终端市场战略，是非常重要的一项工作。在这个过程中，企业可以运用一个有效的工具，即“‘六要素’战略定位模型”。

（一）处方药零售终端的定位模型

所谓的“六要素”战略定位模型，是从单个产品的“市场吸引力”和“竞争能力”两个方面来考虑其市场战略的选择问题，针对这两个方面所衍生出的六个要素逐一进行分析、研究和评估，从而制定该产品具体的战略目标（如图5－1所示）。

作为该模型的核心内容和选择判断战略目标的依据，单个产品的“市场吸引力”和“竞争能力”两个方面分别包括以下内容。

1. 市场吸引力

某个产品的市场吸引力，是指该产品是否存在市场需求以及面对现实的市场需求，企业是否值得投入资源予以响应。市场吸引力具体包括以下三个要素：

（1）市场规模，即市场需求容量的大小。例如，治疗视网膜下腔出血药

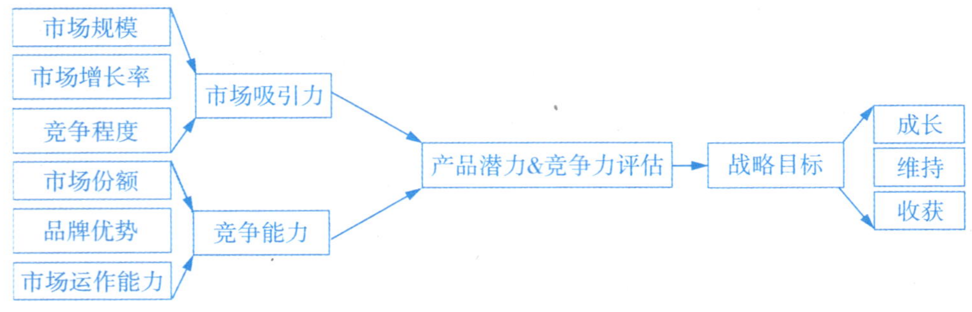

图 5－1 “六要素”战略定位模型示意

品的市场规模就相对较小，而治疗脑梗塞药品的市场规模就较大。对于单个产品而言，市场规模越大，企业投入资源可能获得的回报就越大。

（2）市场增长率，即市场需求增量的空间。如果某个产品所面向的市场已经被多家企业所占据，增长空间已经趋于饱和状态，那么企业的新产品在进入这个市场时必然会遇到较高的门槛，投入产出率会相对较低。

（3）竞争程度。市场竞争程度越高，企业产品参与竞争获得成果的难度也越大。

2. 竞争能力

某个产品的竞争能力，是指企业在确定该产品的市场吸引力的前提下，还应该衡量和判断自身是否具备必要的能力来参与该领域的市场竞争。处方药企业的竞争能力具体包括以下三个要素：

（1）市场份额。相比外企从研发阶段就开始考虑市场营销的做法，国内处方药企业的产品经理往往接手的大多是已经推出多年的老产品。在这种情况下，研究该产品目前的市场份额是非常必要的，如果已经占有一定的市场份额、拥有了一定数量的终端、得到了部分医生和药店的认可，则证明该产品已经具备了一个良好的基础，后续的推广工作相对会比较容易展开。

（2）品牌优势。指企业自身已经建立的品牌形象是否得到了客户的认可。

（3）市场运作能力。指企业在市场运作方面的内功和底蕴，反映和表现在销售队伍的素质、中高层管理者能力、政府公关能力、是否能实施单独定价等诸多方面。

（二）处方药零售终端定位模型的评分标准

根据“六要素”战略定位模型梳理和提炼出反映单个产品的“市场吸引力”和“竞争能力”的六个要素，并以此为标准，为最终的产品战略提供量化的参考。“六要素”具体的评分标准与方法包括：

1. 市场吸引力

市场吸引力所涵盖的“市场规模”、“市场增长率”和“竞争程度”等三个要素，在进行评价时具体采用的指标定义为：

（1）市场规模：目标市场的目前销售金额。

（2）市场增长率：目标市场的预计年销售增长率。

（3）竞争程度：目标市场的竞争程度。

其评价的标准以及具体的得分测算方法详见表 5－1。

表 5－1 市场吸引力评分

标准	权重	评分标准	得分
市场规模	33.3%	最高 10 分，最低 0 分 根据系数进行评分 得 a 分	a×33.3%
市场增长率	33.3%	增长率＞40%：10 分 增长率＞20%：8 分 增长率＞0%：0 分 增长率＞－10%：－10 分 得 b 分	b×33.3%

续上表

标准	权重	评分标准	得分
竞争程度	33.3%	能与所有对手完全区别，医生认可差异的重要性：10 分 能与绝大多数竞争对手区别：8 分 能与大多数对手区别：6 分 能与少部分对手区别：4 分 完成与对手不能区别：2 分 得 c 分	c×33.3%
最高分：10 分	100%	总计得分	

2. 竞争能力

竞争能力所涵盖的“市场份额”、“品牌优势”和“市场运作能力”等三个要素，在进行评价时具体采用的指标定义为：

（1）市场份额：相对于最大竞争产品的市场份额。

（2）品牌优势：在同类产品中，针对医生和病人的需求与竞争对手相比的相对优势。

（3）市场运作能力：在治疗领域里，相对于所有的竞争对手在市场上的运作能力。

其评价的标准以及具体的得分测算方法详见表 5－2 所示：

表 5－2 竞争能力评分

标准	权重	评分标准	得分
相对市场份额	33.3%	最高 10 分，最低 0 分 根据相对市场份额系数，估计得分 得 a 分	a×33.3%

续上表

标准	权重	评分标准	得分
品牌/产品优势	33.3%	比所有的竞争对手有独特优势：10 分 与竞争对手的差异被认可：8 分 有差异但未被认可：6 分 只有几个同类产品：4 分 大量同类产品，竞争对手强大：2 分 得 b 分	b×33.3%
市场运作能力	33.3%	品牌强大/KOL 公开支持你的产品/处方中有独特地位：10 分 较好品牌/一些 KOL 支持/广泛应用：8 分 一定品牌/KOL 支持品类/较广泛应用：6 分 一定品牌/一些 KOL 支持品类和文献支持：4 分 无品牌/无 KOL 支持/很少文献支持：2 分 得 c 分	c×33.3%
最高分：10 分	100%	总计得分	

（三）处方药零售终端战略选择框架原则

了解了"六要素"战略定位模型的基本原理，掌握了"六要素"具体的评分标准，接下来，将"六要素"评分的结果与战略选择的框架原则相结合，就能够帮助处方药企业正确、科学地选准合理的战略目标。

根据"总体市场吸引力"以及"相对竞争力"各自得分的组合结果，处方药企业可以参考以下的战略选择。

1. "成长"战略选择

"成长"战略包括以下三种情况：

（1）总体市场吸引力高，相对竞争力强。在这种情形下，企业选择"成长”战略最理想的潜力目标。具体包括：①投入资源让产品最大限度地增长；②集中巩固产品的优势。

（2）总体市场吸引力中，相对竞争力强。在这种情形下，企业应瞄准选择性的成长。具体包括：①通过提高生产率来获取；②构建对抗竞争对手的能力。

（3）总体市场吸引力高，相对竞争力中。在这种情形下，企业选择“成长”战略理想的潜力目标。具体包括：①投入资源争做领导者；②巩固产品优势；③加强改善薄弱地方。

2. “维持”战略选择

“维持”战略包括以下三种情况：

（1）总体市场吸引力高，相对竞争力弱。在这种情形下，企业同样应瞄准选择性的成长。具体内容包括：①围绕有限的优势做专家；②寻找克服弱势的方法；③如果缺乏可持续的增长潜力，尽早退出。

（2）总体市场吸引力中，相对竞争力中。在这种情形下，企业应关注收益的增加。具体内容包括：①保护现有的优势；②只在风险低的地方投入，加强市场地位。

（3）总体市场吸引力低，相对竞争力强。在这种情形下，企业应保持和重新选择专注点。具体内容包括：①保持目前的优势；②寻找新的途径，增加现有收益。

3. “退出”战略选择

“退出”战略也包括以下三种情况：

（1）总体市场吸引力中，相对竞争力弱。在这种情形下，企业应限制性扩展或收获。具体内容包括：①寻找在没有高风险的地方扩展；②将投入降到最低或集中提高运作效率。

（2）总体市场吸引力低，相对竞争力中。在这种情形下，企业同样也应关注收益的增加。具体内容包括：①保护现有的优势；②将所有投入降到最低。

（3）总体市场吸引力低，相对竞争力弱。在这种情形下，企业最佳的选择就是将这种产品尽快卖掉。具体内容包括：①卖掉，将其最大限度地转化为现金；②取消所有的固定费用并避免进一步投入。

（四）处方药零售终端战略的定位

通过以上战略选择的框架，我们可以掌握到不同情形下的战略选择原则。接下来，我们来看看如何具体实施单个产品的“成长”或“维持”战略。

1. “成长”战略的具体策略

处方药企业面向单个产品实施“成长”战略，可以采用以下策略：

（1）拓展市场。所谓“拓展市场”，寻求和开拓的是市场的增量。拓展药品市场的具体方式包括以下三个类型：①转化现有市场的非使用者；②开发新目标群，例如，拜耳的“尼莫同”就是采用的这种做法；③增加现有患者的使用量，如某外企所提出的“症状消失再用七天”就很好地运用了这种方式。

（2）获取市场份额。所谓“获取市场份额”，参与的是市场存量的竞争。在医药行业中，获取市场份额的具体方式包括以下两种：①从同类产品中获取市场份额；②从相近的竞品中获取市场份额。

2. “维持”战略的具体策略

与“成长”战略不同，处方药企业面向单个产品实施“维持”战略，可采用的策略包括：

（1）市场份额抵御。采用“市场份额抵御”的具体策略有以下三种：①维持价格优势，不继续增加太大的投入，无论对于原本高价位还是低价位的产品，都可以运用这种策略；②保持在市场上与客户沟通的力度，例如，与医院医生的沟通频率可适当降低，但不宜降低过多；③继续改善产品，例如，某药业的“××新脑清”改变瓶子的包装以利于老年人外出携带，就是一个很好的例子。

（2）改善费用结构。采用“改善费用结构”的具体策略有以下三种：①减少 A & P 花费；②减少销售队伍；③减少可变花费。

最后，以上的战略策略可以共同组成类似树状的结构，即所谓的“战略树”（如图5－2所示）。

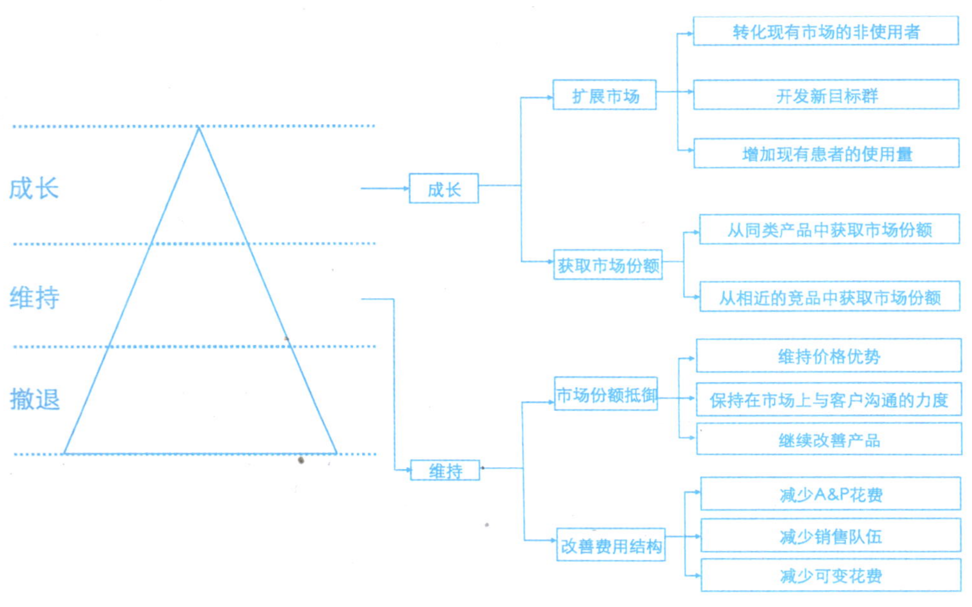

图5－2　战略树示意

对于处方药的产品经理而言，更多的情况可能会面临单个产品的战略选择问题。而对于医药企业的产品市场总监、营销总监甚至投资者来说，不得不考虑的则是多个产品的战略选择和组合问题。

在进行多个产品的战略选择时，以下内容可以作为参考和借鉴：①制定得到单个产品的战略，还需要与企业旗下其他的产品战略进行组合与搭配，以实现相互“吻合”的状态；②运用产品生命周期理论，在多个产品之间形成生命周期的层次；③运用波士顿矩阵，将多个产品在“问题产品”、“明星产品”、“金牛产品”以及“瘦狗产品”之间拉开层次，形成“研发一批，生产一批，培育一批，收获一批”的良性循环。

三、处方药零售终端平台营销的品牌与包装策略

（一）品牌与商标的概念

1. 品牌和商标的含义

品牌是一种名称、术语、设计、符号，或其他能将一个企业的产品或服务与竞争者的产品或服务区分开来的特征。

（1）品牌名称。品牌名称是能够发声地说出的那部分品牌内容，通常是一种产品唯一用以区分的特征。

（2）品牌标志。品牌标志是指品牌中可以被认识，但不能用语言称呼的部分。品牌标志通常为某种符号、象征图案、与众不同的颜色以及其他特殊的设计等。

（3）商标。商标是一种法定的标志，表示拥有者对品牌或品牌中的一部分拥有专有权，并从法律上禁止他人使用。

2. 品牌的作用

（1）品牌代表产品的特色和质量特征。

（2）品牌有助于监督和提高企业的产品质量。

（3）品牌有助于促进企业产品销售，形成品牌偏好，建立品牌忠诚。

（4）品牌具有保价功能，有利于企业控制和扩大市场。

（5）品牌有利于企业新产品的开发。

（6）品牌经注册后有利于法律保护。

（7）品牌是企业重要的无形资产。

（8）名牌商标有助于提高企业形象，增强企业的竞争力。

（二）处方药产品的品牌策略

1. 统一品牌策略

（1）优点。①采用统一品牌策略可以建立企业的品牌信誉，显示企业实

力，树立企业形象，易于带动企业新药品的推广，有利于解除顾客对新产品的不信任感，使新产品能较快地打开销路；②采用统一品牌策略可以利用各种专业媒体，集中宣传一个品牌形象，大大节约广告费，而且可以利用统一品牌建立广告传播体系，使用户具有强烈和深刻的印象，有利于强化企业形象和产品形象。

（2）缺点。使用统一品牌的任何一种药品质量发生问题，都会使企业的其他药品蒙受损失，影响企业的信誉，“城门失火，殃及池鱼”。如果各类产品的质量参差不齐，使用统一品牌就会影响品牌信誉，特别是有损于较高质量产品的信誉。因此，在使用统一品牌策略时，企业必须对所有产品的质量严加控制。

2. 个别品牌策略

个别品牌策略是指一个企业的各种药品分别采用不同的品牌，主要有两种形式：药品分别命名或各类药品分别命名。

3. 扩展品牌策略

扩展品牌策略就是企业用一个现有的品牌名称作为其改良药品或新药品品牌的一部分，而这些升级药品或新药品恰好又同现有品牌是同一类的药品。

4. 多品牌策略

多品牌策略即在一种产品上运用两个或更多的品牌。

（1）优点。①利用顾客对包含其中的品牌的信任，可以使企业在不同的细分市场上获利，满足不同消费者的需求，占据较大的市场份额。②可以使企业在市场上占领更多的分销商货架从而相对减少了竞争者，并且企业可以建立侧翼品牌，以保护其主要品牌。③真正忠诚于一个品牌而且在任何情况下都不会试用其他品牌的顾客是极其少的。大多数顾客都是品牌转换者，他们对减价（即使只减分毫）、赠送赠品，以及宣传等都会作出反应。企业必须提供新品牌，才能赢得这些顾客，扩大销售，从而提高企业的市场占有率。④在企业内部具有激励和促进作用，品牌之间相互竞争，共同提高。

（2）缺点。个别品牌仅占领很小一部分的市场份额，甚至可能毫无利润。

企业把资源分配于过多的品牌，而不是为获取高利润水平的少数品牌服务。

5. 品牌再定位策略

品牌再定位策略又称新品牌策略，是指由于患者的偏好发生转移，或竞争者推出某一新品牌，使该产品市场份额下降等原因，使得市场对该产品的需求情况发生了变化，企业全部或局部调整品牌在市场上的最初定位。通过品牌再定位可以使现有产品具有与竞争者产品不同的特点，拉开与竞争者的距离，提高本企业的竞争优势。

6. 品牌特许策略

品牌特许策略是指通过特许协议，企业允许其他机构把自己的品牌用于其他机构的产品中，并收取一定的特许费用。特许接受方需要承担所有的生产、销售和广告责任，如果被特许的产品失败了，特许接受方还得承担所花费的成本。

综上所述，品牌是处方药企业终端平台营销手段的一项重要内容，创造名牌更是企业所希望所追求的目标之一。品牌策略的运用取决于企业生产的产品数量和它的产品线、目标市场的特点、竞争对手的产品状况和企业的资源多少。企业要创立一个名牌，必须在了解消费者需求的基础上，结合企业实际情况不断开发具有个性特色的高质量产品，并通过各种途径加强宣传，以提高其知名度，进而提高市场占有率。

（三）处方药产品的商标策略

所有的商标都是品牌，但并非所有的品牌都是商标。我国现行《商标法》第四条规定："自然人、法人或者其他组织对其生产、制造、加工、拣选或者经销的商品，需要取得商标专用权的，应当向商标局申请商品商标注册。"

1. 商标专用权的特点

（1）商标一经注册，企业就取得其独占权，他人未经许可不得擅自使用与仿冒。

（2）商标专用权对保护药品的知识产权具有极其重要的作用，其价值是无形的，名牌商标的价值更是难以估价的。

（3）商标专用权具有时效性。我国商标法规定其有效期为10年，但商标权可以续展，到期企业可以申请注册延续，该商品名将永远受到法律保护，企业对此商品名即拥有永久占有权。

（4）商标专用权受到严格的地域限制，应该符合市场所在地的法律规范。

2. 商标的设计与商标管理

商标信誉给企业带来的经济效益由商标注册人独享，与企业的经济效益息息相关。企业的商标设计应符合以下原则：①符合市场所在地的法律法规；②表示药品的特色；③美观、实用、构思独特、简单。

商标的使用直接关系到消费者、企业与国家的利益，企业应以相关法律法规为依据，建立健全本企业的商标管理制度，以避免商标使用上的混乱，保护本企业的合法利益。

3. 商标创新策略

使用商标有助于对处方药企业的产品宣传，帮助消费者识别本企业产品。

创新商标策略又称为更换商标策略。包括两种方式：一是企业放弃原有商标，采用另一个全新的商标；二是在原有商标的基础上做些改进，使其与原有商标在图案、符号、外观上很相似，形象上仍然相通。后者与前者相比，既可以节约费用，还可使企业保持原有商标在市场上的信誉。

商标是药品甚至是企业的标志，是企业的无形资产，因此，处方药企业应该重视本企业商标的设计与注册，慎重选择适合本企业、本药品的商标策略，保护企业的利益。

（四）处方药产品的包装策略

1. 包装的作用

随着商品经济的发展，市场竞争日趋激烈，同类产品竞相销售，使包装对生产制造商、中间商及消费者有着不同程度的重要作用。包装的作用主要有以下几个方面：

（1）自然保护药品。

（2）提高储运效率。

（3）美化药品，促进销售。

（4）指导消费，便于使用。

（5）增加企业利润。

2. 处方药产品包装的设计原则

（1）包装应准确传递药品信息。

（2）包装应与药品的价格相适应。

（3）包装应与药品的性质相吻合。

（4）包装应具有实用性。

（5）包装设计应考虑目标市场的需求。

（6）包装设计应符合相关法律法规的要求，特别是药品包装的法规要求。

3. 处方药产品包装策略

（1）类似包装策略。类似包装策略又称包装的标准化。指企业对自己生产的系列产品采用统一的包装模式，即在产品包装的图案、颜色、造型和标记等方面具有本企业特色的类似或一致的特征，使人一见就知道是某家药企的系列产品。

（2）系列包装策略。系列包装策略又称配套包装策略，即按照消费者的消费习惯，将若干用途上相关联的产品放在同一个包装内。

（3）附赠品包装策略。附赠品包装策略是指在商品包装内或包装上附些实物或奖券（如折价券、积分券、抽奖券、样品券等），或产品包装本身就可以用来兑换奖品，以吸引消费者购买本企业的产品，促进重复购买。如某些冲剂药品袋子内附赠药匙或杯子。

（4）再使用包装策略。指包装内的产品使用完后，包装物还可以用于其他用途。

（5）改变包装与分装策略。改变包装策略是指采用新的包装设计、包装技术、包装材料，更新或放弃原有的产品包装。常用的做法有以下几种：①销售不畅时，企业可以改变包装，使消费者对其产生新鲜感，重新对这种产品产生兴趣；②当企业的产品要提价时，可以改变包装，使消费者误以为该产品在质量上作了改进，从而愿意接受较高价格；③当企业打算提价时，可以改变产品的包装，同时减少产品的分量，但是价格仍然不变，这样做可以减少企业提价的阻力；④分装策略是指将产品原来的大包装分为小包装，中间商通常是大包装低价买进，然后分成小包装高价卖出。

四、处方药零售终端平台营销的价格策略

（一）影响处方药产品零售终端定价的因素

1. 成本因素

（1）医药企业生产成本是医药企业生产过程中所支出的全部生产费用，是从已经消耗的生产资料的价值和生产者所耗费的劳动的价值转化而来，包括原料及主要材料、包装材料、燃料动力、直接工资、制造费用和其他直接支出。当医药企业具有适当的规模时，产品的成本可以降低。但不同的医药产品，在不同的条件下，各有自己理想的批量限度，其生产超过了这个规模和限度，成本反而会增加。

（2）销售成本是商品流通领域中的广告、推销费用。在计划经济体制下，销售成本在商品成本中所占比重很小，因而对商品价格的影响也微乎其微。而在现行的市场经济体制下，广告、推销等是药品实现其价值的重要手段，用于广告、推销的费用在药品成本中所占的比重也日益增加。国家在 2002 年就明确规定 OTC 类药品可以在大众媒体上做广告，而处方类药物不得在大众媒体上做广告，但可以在专业杂志和报纸上刊登广告。因此，在确定药品的营销价格时必须考虑销售成本这一因素。

（3）储运成本是商品在生产者手中所必需的运输和储存费用。商品畅销时，仓储成本较少；商品滞销时，储运成本增加。药品的储运主要体现在流通

上。医药企业产品的流通越快，其所需要的费用也就越少。

我国医药市场流通渠道的现状是，药品出厂后大多需经过批发医药企业、零售（连锁）医药企业或医院药房等多个环节，才能到达消费者手中，多次商品所有权的转移，势必要增加药品的流通费用，同时，也影响到药品的流通速度。而流通费用的增加被分摊到药品上，最终影响到药品的价格。

（4）机会成本是医药企业从事某一项经营活动而放弃另一项经营活动，另一项经营活动所应取得的收益。但是，商品的成本不是个别医药企业的商品成本，而是所有生产同一产品的生产部门的平均生产成本。在通常情况下，机会成本对个别医药企业的商品成本影响比较大，对平均生产成本的影响比较小，因而对商品价格的影响也很小。

在实际工作中，产品的价格是按成本、利润和税金三部分来制定的。成本又可分解为固定成本和变动成本。

2. 需求因素

（1）需求价格弹性。需求价格弹性是表明价格变动而引起的需求数量变动程度。药品作为一种特殊的商品，既是必需品，也是普通消费品。一般来说，必需品的需求价格弹性小，非必需品的需求价格弹性大。不过，当市场上没有替代品或者没有竞争者，购买者对较高价格并不在意。

（2）交叉弹性。交叉弹性是用来衡量一种产品的价格变动影响到另一种产品需求量的变动程度。若乙产品的价格上涨，造成甲产品的消费量增加，则说明交叉弹性为正值；反之，交叉弹性为负值。交叉弹性越大，甲乙两种产品间相互替代性就越大；交叉弹性越是趋于零，二者间的替代性就越小。随着科学技术的不断进步，市场上的产品越来越丰富，能够相互替代的产品日益增多。目前我国多数医药企业产品生产规模还不大，科技含量不太高，与国外医药企业的产品相比无特别优势，内部存在无序竞争的状况，因此，医药企业在进行产品定价时，必须考虑产品之间相互影响的程度。

（3）需求收入弹性。需求收入弹性主要说明需求量的变动对于收入变动的反应程度。一般而言，生活必需品的需求收入弹性较小；高档食品、耐用消费品、娱乐支出等类的需求收入弹性较大。

3. 同业竞争因素

市场竞争也是影响价格制定的重要因素。根据竞争的程度不同，医药企业定价策略会有所不同。按照市场竞争程度，可以分为完全竞争、不完全竞争和完全垄断三种情况。

4. 其他因素

（1）处方药企业定价的范畴。

1）国家指导性定价。它是指国家物价部门和业务主管部门规定定价权限与范围，指导价格制定和调整的医药企业定价方式。其定价方式有以下三种：①浮动定价。它是指国家规定医药产品的基准价格、浮动幅度和方向，由医药企业在规定的范围内自主作价。②比率控制定价。它是指国家规定医药产品的差价率、利润率与最高限价范围，由医药企业自行灵活地确定价格。医药产品价格可采用高进高出、低进低出或高进低出等形式，但不得超过规定的控制比率。③行业定价。它是指为了避免同行业医药企业在生产和流通中盲目竞争，国家采取计划指导，由同行营销者共同协商制定医药产品的统一价格，并由协商者共同遵守执行。这能防止价格向垄断转化，有利于市场竞争。

②医药市场调节定价。它是指在遵守政策和法规的前提下，根据市场供求状况、市场竞争程度、消费者行为及医药企业自身条件等因素的变化趋势，由营销者自行确定药品价格。这种定价主要适用于生产分散、营销量大、品种规格繁多、供求情况复杂、难以计划管理的医药产品，且主要依靠价值规律自发地调节医药产品价格。市场调节定价有下列两种形式：①协议定价。是指买卖双方在不受第三者影响的情况下，相互协商议定医药产品价格。②医药企业议价。是指实行部分指令性计划价格医药产品的医药企业，在完成国家任务后，超产部分由医药企业根据市场状况确定其价格。这是国家为了增强医药企业活力，提高医药企业积极性所采用的一种鼓励性措施。

（2）处方药企业产品差价与比价因素。包括：①医药企业产品差价因素；②消费者心理和习惯。处方药企业产品差价与比价，是价格体系的重要组成内容，也是国家价格政策的组成部分。

（3）药品定价过程中的信息不对称。信息不对称是我国药品定价实施过程中的一大特点。药品监督管理部门与药品生产厂家的信息不对称，药品生产者、提供者与消费者之间的信息不对称，造成了政府部门与消费者的信息成本相当高昂。信息成本过高，一方面抑制了政府药价主管部门的工作力度，难以全面准确核定政府管理的药品价格；另一方面增强了药厂虚高定价的动机，造成药价构成的模糊性。

（二）处方药产品零售终端的定价策略

1. 折扣折让策略

折扣折让是降价的特殊形式，是指在原定价格基础上给予购买者一定的价格优惠，以吸引其购买的一种价格策略。这里主要介绍与处方药品相关的几种形式：

（1）现款折扣。现款折扣是对迅速支付账款的购买者的价格优惠，因此也叫付款期折扣。例如，“2/10，30 天付款”，意思是账款在 30 天内付清，但若在 10 天内付款，则给予 2% 的折扣。这种折扣策略在许多行业都非常盛行，它有助于改善销售者的现金流动性，降低呆账风险及收款的成本。实行现金折扣的关键是合理确定折扣率。一般来说，折扣率不能高于企业由于加速资金周转所增加的盈利，同时，折扣率应比同期银行存款利率稍高一些。

（2）数量折扣。数量折扣是指企业对购买药品数量大的顾客给予价格优惠。其目的是鼓励顾客大量购买从而降低企业在销售、储运、记账等环节中的成本费用。这种折扣策略可以刺激顾客在固定的地方订货与购买，培养顾客的购买忠诚度。

数量折扣又可分为两类。一类是累计数量折扣，即在一定时期内购买药品累计达到一定数量所给予的价格优惠。这种方法在批发及零售业务中都经常采用，可以鼓励客户长期购买本企业药品。另一类是非累计数量折扣，即一次购买某种药品达到一定数量或购买多种药品达到一定金额所给予的价格优惠。这种折扣策略可以鼓励药店购买，从而增加销售量，增加盈利。

（3）贸易折扣。贸易折扣又称功能折扣、同业折扣或中间商折扣等，是指企业根据中间商担负的不同功能及对企业贡献的大小来给予不同的折扣优待。例如，给予批发商的折扣要大于零售商，规模大的零售商能比规模小的零售商更便宜地买到某一药品。

贸易折扣的具体做法有两种：一种是先确定药品的零售价格，然后再按照不同的比率对不同的中间商倒算折扣率。例如，某企业生产的某种药品的零售价为30元，贸易折扣为40%和10%，则表示零售商享受的价格为30×(1－40%)=18元，批发商享受的价格是在此基础上再折扣10%，即18×(1－10%)=16.2元。另一种是先确定药品的出厂价，然后再按不同的差价率顺序相加，依次制定出各种批发价和零售价。例如，某企业生产的某种药品的出厂价为10元，给批发商的差价率为19%，给零售商的差价率为37%，则批发价为10×(1+19%)=11.19元，零售价为10×(1+37%)=13.7元。

（4）季节折扣。季节折扣是对在淡季购买药品的购买者的价格优惠。采用这种策略可以鼓励客户早进货、早购买，减轻企业的仓储压力，加速资金周转；还可以使企业的生产和销售不受季节变化的影响，保持相对稳定。

（5）促销折让。促销折让是指生产企业对为其药品进行广告宣传、布置专用橱窗等促销活动的中间商给予减价或津贴，作为对其开展促销活动的报酬，以鼓励中间商积极宣传本企业的药品。这种策略特别适合于新药的导入期，其实质是企业为开拓药品市场而支付的费用。

2. 差异定价策略

差异定价策略是指对同一药品或服务，根据流通环节、销售对象、时间或地点等方面的不同，制定不同价格的一种策略：

（1）根据流通环节定价；

（2）根据购买者定价；

（3）根据药品形式定价；

（4）根据时间定价；

（5）根据地点定价。

3. 心理定价策略

心理定价策略是企业运用心理学原理，针对消费者在购买过程中的心理状态，来确定药品价格的一种策略。这是一种非理性的定价策略，但在现代经济市场中，往往可以激发和强化消费者的购买欲望，因此，这种定价策略在整个处方药定价体系中有重要的位置。针对消费者不同的需求心理，可采用以下几种形式：

（1）整数定价。

（2）尾数定价。

（3）声望定价。采取声望定价主要针对以下几种药品：①名牌药品。消费者有仰慕名牌的心理，并以价格的高低来衡量药品的质量。②有礼品用途的药品。因为这些药品带有"炫耀性"，价格低，满足不了消费者的这种心理需要。③稀有药品。采用声望定价策略应注意：第一，要确保药品质量上乘；第二，严格掌握声望定价与同类普通药品价格的差价，不可过高；第三，不能只靠已有的声望维持高价，要不断提高质量，加强售后服务，巩固消费者的信任感和安全感。

（4）习惯定价。在市场上，有些药品的功能、质量、替代品等情况已为消费者所熟悉，而且消费者对其价格已习以为常，家喻户晓。对这类药品，如常年销售的家庭必备药品，企业制定价格时最好尽量顺应消费者的习惯价格，不能轻易改变，否则会引起消费者的不满，导致购买的转移。即使发生了通货膨胀或药品成本变化，也不宜提价。最好的做法是改变包装或改变药品的内在成分以变相提价。如一种处方药原来是每盒 10 片装，售价是 16 元；现在改为每盒 8 片装，售价是 13.6 元。从表面看，似乎很合理，实际上每片上涨了 0.1 元。

（5）最小单位定价。价格过高，常常使人望而生畏，不敢问津。若用较小单位标价，会给人以便宜的感觉，从而促进交易。

4. 地理定价策略

（1）产地价格；

（2）统一运送价格；

（3）分区运送价格；

（4）基点价格；

（5）运费补贴价格。

5. 促销定价策略

在某些情况下，企业为促进销售，会暂时性地将其药品价格定在价目表的价格以下，有时甚至低于成本，这种价格就叫促销价格。促销定价策略主要有如下几种形式：

（1）招徕定价；

（2）特殊定价；

（3）心理折扣。

（三）处方药产品零售终端的价格调整策略

1. 削价及提价策略

（1）削价策略。这是定价者面临的最严峻，也最具有持续威胁力的策略。

医药企业削价的原因很多，有企业外部需求及竞争等因素的变化，也有企业内部的战略转变、成本变化，还有国家政策、法令的制约和干预，等等。具体表现在以下几个方面：①医药企业急需回笼大量现金。对现金产生迫切需求的原因既可能是其他产品销售不畅，也可能是为了筹集资金进行某些新活动，而资金借贷来源中断。此时，企业可以通过对某些需求的价格弹性大的产品予以大幅度削价，从而增加销售额，获取现金。②医药企业通过削价来开拓新市场。一种产品的潜在顾客往往由于其消费水平的限制而阻碍了其转向现实顾客的可行性。在削价不会对原顾客产生影响的前下，企业可以通过削价方式来扩大市场份额。不过，为了保证这一策略的成功，有时需要以产品改进策略相配合。③医药企业决策者决定排斥现有市场的边际生产者。对于某些产品来说，各个企业的生产条件、生产成本不同，最低价格也会有所差异。那些以目前价格销售产品仅能保本的企业，在别的企业主动削价以后，会因为价格的被迫降低而得不到利润，只好停止生产。这无疑有利于主动削价的企业。④医药企业生产能力过剩，产品供过于求，但是，企业又无法通过产品改进和加强促销等工作来扩大销售。在这种情况下，企业必须考虑削价。⑤医药企业决策者预期削价会扩大销售，由此可望获得更大的生产规模。特别是进入成熟期的产品，削价可以大幅度增进销售，从而在价格和生产规模之间形成良性循环，为企业获取更多的市场份额奠定基础。⑥由于成本降低，费用减少，使企业削价成为可能。随着科学技术的进步和企业经营管理水平的提高，许多产品的单位成本和费用在不断下降，因此，医药企业拥有条件可适当削价。⑦政治、法律环境及经济形势的变化，迫使企业降价。政府为了实现医药产品价格总水平的下调，保护患者的利益，往往通过政策和法令，采用规定毛利率和最高价格、限制价格变化方式、参与市场竞争等形式，使医药企业的价格水平下调。

（2）提价策略。提价确实能够增加企业的利润率，但会引起竞争力下降、消费者不满、经销商抱怨，甚至还会受到政府的干预和同行的指责，从而对企业产生不利影响。虽然如此，在实际中仍然存在着较多的提价现象。其主要原因是：①应付产品成本增加，减少成本压力。这是所有产品价格上涨的主要原因。成本的增加或者是由于原材料价格上涨，或者是由于生产或管理费用提高而引起的。处方药企业为了保证利润率不致因此而降低，便采取提价策略。②为了适应通货膨胀，减少企业损失。在通货膨胀条件下，即使企业仍能维持原价，但随着时间的推移，其利润的实际价值也呈下降趋势。为了减少损失，企业只好提价，将通货膨胀的压力转嫁给中间商和消费者。③产品供不应求，遏制过度消费。对于某些处方药产品来说，在需求旺盛而生产规模又不能及时扩大而出现供不应求的情况下，可以通过提价来遏制需求，同时又可以取得高额利润，在缓解市场压力、使供求趋于平衡的同时，为扩大生产准备了条件。

为了保证提价策略的顺利实现，出现几种情况之一时可选择提价：①产品在市场上处于优势地位；②产品进入成长期；③季节性商品达到销售旺季；

④竞争对手产品提价。

此外，在方式选择上，企业应尽可能多地采用间接提价，把提价的不利因素降到最低程度，使提价不影响销量和利润，而且能被药店终端和潜在消费者普遍接受。

2. 消费者对价格变动的反应

（1）在一定范围内的价格变动是可以被消费者接受的；提价幅度超过可接受价格的上限，则会引起消费者不满，产生抵触情绪，而不愿购买企业产品。降价幅度低于下限，会导致消费者的种种疑虑，也会对实际购买行为产生抑制作用。

（2）在产品知名度因广告而提高、收入增加、通货膨胀等条件下，消费者可接受的价格上限会提高；在消费者对产品质量有明确认识、收入减少、价格连续下跌等条件下，消费者可接受的价格下限会降低。

（3）消费者对某种产品削价的可能反应包括：产品将马上因质量低劣而被淘汰；企业遇到财务困难，很快将会停产或转产；价格还要进一步下降；产品成本降低了。而对于某种医药产品的提价则可能这样理解：很多人购买这种产品，我也应赶快购买，以免价格继续上涨；提价意味着产品质量的改进。

3. 竞争者对价格变动的反应

虽然透彻地了解竞争者对价格变动的反应几乎不可能，但为了确保调价策略的成功，主动调价的企业又必须考虑竞争者的价格反应。没有估计竞争者反应的调价，往往难以成功，至少不会取得预期效果。

如果所有的竞争者行为相似，只要对一个典型竞争者作出分析就可以了。如果竞争者在规模、市场份额或政策及经营风格方面有关键性的差异，则各个竞争者将会作出不同的反应，这时，就应该对各个竞争者分别予以分析。

分析的方法是尽可能地获得竞争者的决策程序及反应形式等重要情报，模仿竞争者的立场、观点、方法思考问题。最关键的是要弄清楚竞争者的营销目标：如果竞争者的目标是实现企业的长期最大利润，那么，本企业价格降低，它往往不会在价格上作相应反应，而是在其他方面做出努力，如加强广告宣传、提高产品质量和服务水平等。如果竞争者的目标是提高市场占有率，它就有可能跟随本企业的价格变动，而相应调整价格。

4. 企业对策

竞争对手在实施价格调整策略之前，一般都要经过长时间的得失考量，仔细权衡调价的利害。但是，一旦调价成为现实，则这个过程会相当迅速，并且在调价之前大多要采取保密措施，以保证发动价格竞争的突然性。

企业在这种情况下，贸然跟进或无动于衷都是不对的。正确的做法是尽快迅速地对以下问题进行调查研究：①竞争者调价的目的是什么？②竞争者调价是长期的还是短期的？③竞争者调价将对本企业的市场占有率、销售量、利润、声誉等方面有何影响？④其他企业对竞争者调价行动有何反应？⑤企业有几种反应方案？竞争者对企业每一个可能的反应又会有何反应？

五、处方药零售终端平台营销的渠道策略

营销渠道是促使产品或服务顺利地被使用或消费的一整套相互依存的组织。而医药渠道是使药品或相关产品能被使用或消费而组合起来的一系列独立组织的集合，是药品从制药企业向消费者转移过程中，所经过的由医药批发企业、零售企业等环节联结而成的路径。

目前，处方药的销售主要分为两大类：第一类是处方普药，主要通过较大的医药流通企业，如九州通等，流向中小型医院、诊所和连锁药店。此类处方药的流通渠道已向 OTC 分销模式靠近，在单项的利润分配上较少，主要靠量走得大，形成规模效益。第二类是处方新药、特药，主要是通过关系较广的配送企业直接送到各需求医院、药店。对于此类处方药，无论是厂家还是总代理商，均有一套完整的市场开发及管理模式。这类品种的营销费用相对较高，要多做推广工作，当然它的利润空间相对来说比普药要大。

处方药的经销模式可归纳为下列四种，分别是直接经销模式（零层渠道）、直控终端模式（一层渠道）、区域分销模式（二层渠道）和总分销模式

（三层渠道）。

（一）直接经销模式（零层渠道）

直接经销模式（见图5－3）属于零层渠道，即生产厂商直接组建销售队伍向消费者进行销售，不经过其他中间环节。体现在处方药销售方面，就是通过组织会议营销、专家坐诊等形式，直接向患者出售药品。

图5－3　直接经销模式

采取这种方式的好处是企业更熟悉市场，资金周转迅速，更容易控制市场和强化推销效果，但受政策限制和实战中人为因素的影响，往往不易取得成功。

直销模式在处方药的销售中较少使用，一般只作为促销活动的一种手段。尤其是在政府明确规定处方药必须凭处方购买之后，零层渠道在现实中已很难推行。

（二）直控终端模式（一层渠道）

直控终端模式（见图5－4）属于一层渠道，即医药生产厂家直接向医院终端或药店终端供货，然后通过终端销售给消费者。采用此种渠道层次的企业一般规模很大，同时拥有自己的营销公司和遍布全国医院的业务网络，产品可以透过自己的营销渠道直接进入医院销售；或者与大型连锁药店建立良好关

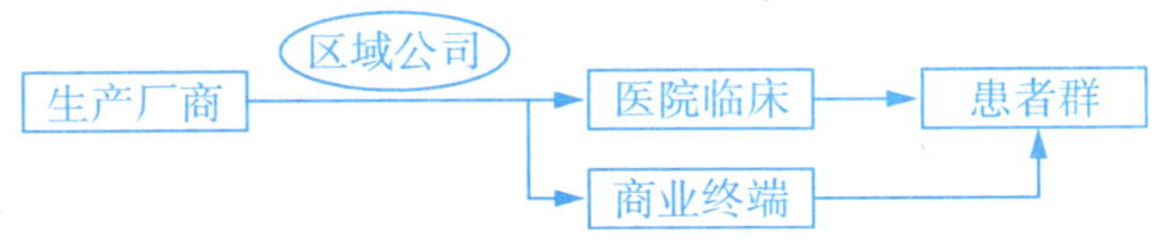

图5－4　直控终端模式

系，直接向其供货。

（三）区域分销模式（二层渠道）

区域分销模式（见图5-5）属于二层渠道，即产品从医药生产厂家到患者群之间，还需要经过分销商和销售终端两个环节。在这种情况下，一般由区域经销商掌握医院和药店终端资源，并承担物流配送的功能。生产厂家通过区域经销商在当地的配送能力和与医院多年形成的业务关系，实现产品的流通，并为此承担一部分费用。

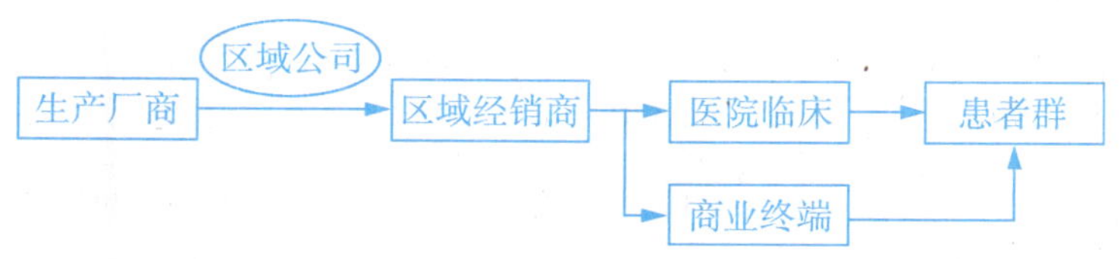

图5-5　区域分销模式

这是比较适合我国实际情况，也是目前大多数医药生产厂家选择的渠道形式，此形式在成本费用方面较为经济，可以快速铺货，整合外部资源。不足之处体现在控制市场尤其是终端方面的能力较差，容易发生冲窜货的现象。

（四）总分销模式（三层渠道）

总分销模式（见图5-6）属于三层渠道，很多中小医药生产厂家和规模较大医药生产厂家的非战略产品会采用此种渠道方式。他们会选择一个或者分区域选择几个销售代理商，利用其已建立起来的商业网络进行大范围铺货，充

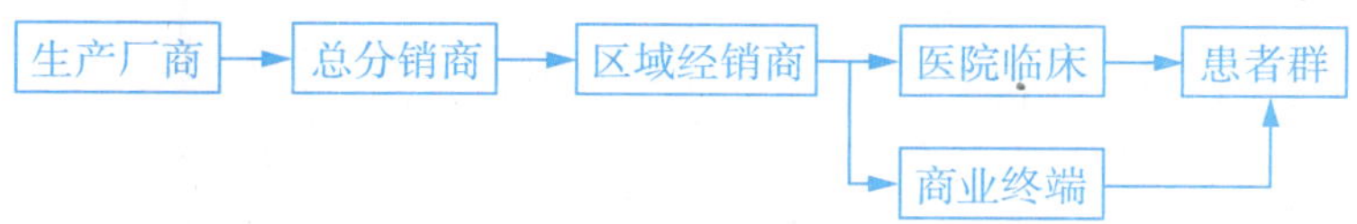

图5-6　总分销模式

分发挥其渠道配送能力和终端促销能力。

这种渠道模式使得医药生产厂家距离市场较远，不易得到一线信息，而且对于渠道和市场缺乏必要的控制能力，很可能造成渠道秩序混乱，产品的冲窜货现象严重，而且有被代理商反向收购的风险。

六、处方药零售终端平台营销的促销策略

医药行业被称为永远的朝阳行业，但随着世界经济的一体化和中国加入WTO，我国的医药生产、销售、流通、消费等均发生了巨大变化。

近几年，有关药品行业的不正当竞争，医院的药品回扣问题等，引起了政府部门的高度重视，相继出台了许多监管和惩罚措施。随着药品市场的逐渐规范以及与国际接轨，面对巨大的医药市场前景，医药生产企业如何在国家政策允许的范围内开展有序竞争，是每一个处方药生产企业关心的课题。因此，市场迫切需要适用于处方药运作的营销理论和实用体系作指导，更需要一套完整的处方药营销体系。

促销是指营销人员采取各种市场营销沟通行为，共同对消费者的行为、态度产生影响。促销的目的是使消费者了解新产品、新服务，并得知从何处可获得新产品、新服务的信息；提醒消费者继续使用产品；说服消费者购买这种商品而不是那种商品。促销建立了营销者与消费者的关系。

促销组合是指在市场营销组合中营销人员控制的沟通因素。它由一系列活动组成，包括人员推销、销售促进、公共关系和广告。

由于处方药的特殊性，消费者必须凭执业医师或助理执业医师处方才可调配、购买和使用，它的主要销售目标市场是医院。因此，各生产企业的促销重点是在医院。

根据处方药的特点，其零售终端平台营销组合策略应以人员推销和销售促进为主，辅以一定的广告和公共关系。

（一）处方药的促销

处方药的特点决定了人员推销在处方药的营销中占有十分重要的地位。处方药的营销人员一般身兼数个角色，可能既是一名产品的宣传推销员，也是订单的争取者和承接者，还可能是一名技术专家，能指导药店店员合理售药。因此，他们必须熟悉自己产品的特点，有能力寻找到目标客户，分析他们的需求，确定产品的属性如何给客户带来利益，并将这一信息传递给客户。例如，推销一种消化系统用药，就零售终端而言，它的潜在客户群是某个药店商圈内对消化系统用药有需求的消费者，营销人员通过收集这些人员的信息，并对之进行筛选，确定目标药店店长、店员。

1. 做准备工作

了解潜在客户的背景信息，准备好产品资料、计划进行面谈。

2. 接近客户

采取技巧的询问，尽力了解客户的需求，与之建立和睦的关系。

3. 产品讲解

产品讲解着重在指出产品优点及它将给使用者带来的益处。可以将相关的临床资料、实验数据、研究结果等资料呈现给客户，增强顾客的信赖。同时，注意不要随意贬低竞争对手的产品，以免引起客户反感。

4. 让药店重视起来

在推销过程中，药店可能对你的产品表示不关心。药店的漠不关心是终端营销人员最难以应付的情况之一，但这种不关心的态度也是一个难得的机会，可以让你表现自己对帮助药店达到成功的诚意。如果你能让药店知道你的产品能有效地改善它的情形和环境，那么，你就是在帮助药店迈向成功。

5. 消除药店的顾虑

药店的顾虑一般有三种：怀疑、误解与缺点。持怀疑态度的药店需要重新获得保证，因此，应该表示明白和尊重对方的顾虑，然后提供证明你产品的相关证据，如病例分析报告、临床试验资料等；消除误解的重点是让药店把顾虑背后的需要表达成需要，而不是当成一个问题，然后通过介绍产品的相关性和利益以满足该需要；因缺点而产生的顾虑，应该表示了解该顾虑，并把焦点转移到产品的总体利益上，然后重提先前药店已经接受的利益以淡化缺点。

6. 达成协议

就处方药的推销而言，不是每一次成功的推销之后，就是一个具体的交易，它可能是说服了药店进货上架，也可能是说服了店长或店员接受甚至主推你的产品。

（二）销售促进

一种药品刚推上市场，公司一般通过举办全国性、各省级的上市会，向国内医药界宣布它的正式上市，并邀请国内各大医院的专家、药剂科主任等参加会议，在会上，请国外或国内著名专家讲解产品以及相关信息，使这些大医院的学术带头人对该产品有一个初步印象，为今后药品进医院或药店打下基础。医院渠道的销售促进工作是零售终端销售促进工作的前提和基础，否则，零售终端的销售促进工作将大打折扣甚至无所作为。

药品上市后的销售促进工作，主要有以下几种方式：

1. 临床试验

选择几家在当地具有影响力的三甲医院，赠送药品进行临床试验，其实就是产品的试用，为该产品的应用积累理论依据。

2. 临床研讨会

定期在目标市场举行临床医生、药师学术研讨会，加强营销人员与目标市场的联系，树立并提高企业和产品的品牌形象。活动时切记邀请药店执业药师参加。

3. 终端拜访

这是每一位终端营销人员每天应做的功课，终端拜访的次数与质量，直接关系到产品销售的情况。终端拜访可分为面对面的直接拜访、电话拜访以及电子邮件等方式，其中以面对面的直接拜访最有效。

4. 产品推广会

邀请药店店长、执业药师参加主要由医院临床医生（主治医生、经治医生、进修医生等）参加的产品推广会，可以加深这些医生、药师对产品的认识，并可以借此加强双方的沟通与了解。

5. 专业培训

培训的内容有产品知识、相关的专业知识等。可加深客户对企业的认识，向客户传递企业文化，为保持长期、良好的合作关系打下基础。

6. 经销商的订货会

这类订货会旨在宣传产品的特点和优势，使经销商积极配合企业的市场营销策略，充分利用经销商现有的资源，进行商业订货，以保证零售终端的供货。

（三）广告

处方药广告主要应注意以下几个方面：选择有效媒介，迅速生动地传递产品信息；合理定位广告诉求点，树立产品独特个性，以获得竞争优势；注意企业形象和品牌形象的宣传；将医生、药剂师等专业人士纳入广告诉求对象之列。

（四）公共关系

由于药品销售受国家政策因素影响很大，像药品定价、医保目录、政府招标采购等无一不对药品生产厂家造成重大影响，甚至关系到企业的生死存亡。因此，公共关系对于处方药终端平台药品促销有着非凡的意义。许多处方药企业甚至专门成立公共关系部、政府事务部来应对这些事务。

第六章　平台营销经典案例

由于处方药的特殊性，加之平台营销理论与实务研究刚刚起步，对我国处方药零售终端平台营销成功经验的总结尚不多见，为此，除处方药企业外，本章还特别遴选了非处方药企业，甚至是医药行业之外的部分平台营销的经典案例，以资借鉴。

案例一　从小公司到世界贸易航母
阿里巴巴依靠互联网平台营销迅速崛起

一、阿里巴巴简介

（一）发展现状

阿里巴巴网络有限公司是全球领先的 B2B 电子商务公司，也是目前全球最大的网上交易市场和商务交流社区。阿里巴巴总部设于杭州，在中国超过 30 个城市设有销售中心，并在中国台湾、香港地区，欧洲及美国设有办事处。阿里巴巴每天通过旗下 3 个网上交易市场连接世界各地的买家和卖家。其中，国际交易市场集中服务全球的进出口商；中国交易市场集中服务中国大陆本土的贸易商；日本交易市场通过合资企业经营，主要促进日本外销及内销。3 个交易市场形成了一个拥有来自 240 多个国家和地区近 3 600 万名注册用户的网上社区。

良好的定位、稳固的结构、优秀的服务，使阿里巴巴成为全球首家拥有210万商户的电子商务网站和全球商人网络推广的首选网站，被商人们评为“最受欢迎的B2B网站”，其杰出的成绩使阿里巴巴受到各界人士的广泛关注。

由于中国的国内贸易增长超出出口的增长水平，阿里巴巴的中国交易市场持续实现强劲增长，并成为其重要的收入来源。

自1999年成立以来，阿里巴巴从一个最初只有18名创业者的小公司，目前已成长为在三大洲拥有20个办事处、超过5 000名雇员的公司。阿里巴巴强大的企业文化以及始终关注满足客户需求的价值观体系，促进它快速地成长起来。

（二）历史沿革

1999年，本为英语教师的马云与另外17人在杭州创办了阿里巴巴网站，起初只是一个为小型制造商提供销售产品的贸易平台，其后，阿里巴巴茁壮成长，成为了主要的网上交易市场，为全球的中小企业搭建了一个寻求贸易伙伴、彼此沟通和达成交易的互联网平台。

2000年10月，为促进中国卖家开展出口贸易，阿里巴巴推出了“中国供应商”服务；2001年6月，为更好地服务国际卖家，推出了国际站“诚信通”会员；2002年3月，推出了中国站“诚信通”会员计划，更好地服务于从事中国国内贸易的卖家和买家用户；2003年10月，推出交流软件工具“贸易通”，实现了买方和卖方之间的网上实时沟通和交流；2005年3月，阿里巴巴中文站推出“关键字竞价”服务；2008年4月11日，阿里巴巴战略级产品“旺铺（winport）”正式开放体验，该产品是企业级电子商务基础平台，帮助众多中小企业迈开了网上生意的第一步。成立15年来，阿里巴巴不断推出符合客户需求的服务，从而赢得了众多的客户。

2005年10月，阿里巴巴集团与美国雅虎达成了长期战略合作伙伴关系，阿里巴巴收购了雅虎美国在中国的全部资产，并获得了雅虎中国的运营权，雅虎美国投资10亿美元成为阿里巴巴集团的战略股东。阿里巴巴集团与雅虎美国的合作，将互联网搜索加入阿里巴巴集团的电子商务业务群，使阿里巴巴集团一举成为中国最大的互联网公司之一，占领了中国B2B、B2C、C2C、在线支付、网络软件解决方案、即时通讯、搜索等电子商务相关产业的领导地位。在这一合作中，阿里巴巴集团获得了雅虎美国的世界领先级互联网搜索技术和全球资源的使用权，为更好地服务中国和全世界的电子商务用户打下了坚实的基础。

二、阿里巴巴平台的外部性和多属策略

（一）阿里巴巴平台的外部性

阿里巴巴作为一个电子商务B2B的交易平台，它的双边客户为有销售和采购需求的企业。阿里巴巴具有比较明显的成员外部性（即间接网络外部性）。

对于需要采购的企业来说，阿里巴巴有越多的销售其所需商品的企业，采购企业得到采购匹配的机会就越大；同时，由于销售企业之间的竞争会随着企业数量的增多而越发激烈，相应地，采购企业谈判的能力也会水涨船高。因此，销售企业数量越多，采购企业获得的价值也就越大。

同样，对于销售企业来说，阿里巴巴上需要采购的企业越多，企业商品的需求数量就越大，商品销售出去的机会就越大，因而，平台对销售企业的价值也越大，就更能吸引更多的销售企业加入平台。

（二）平台的多属行为分析

在市场上有很多与阿里巴巴业务相类似的平台，例如万国商业网、环球资源等，会员也可以通过付费等形式加入，通过网站获取自己所需要的信息。因此，阿里巴巴的用户也会存在多属的行为，在多个B2B平台进行注册，获得

更多的信息。这些平台都是开放式的，会员免费注册或者缴纳一定的会员费就可以加入。阿里巴巴和这些平台存在着竞争的关系，因为阿里巴巴平台的采购企业和销售企业都可以选择加入多个平台，因此，阿里巴巴和这些平台之间是属于交叉性平台的关系。

三、阿里巴巴平台的类型和业务模式

（一）阿里巴巴的平台类型

从平台的开放程度来看，阿里巴巴属于开放平台。所有的企业用户都可以通过在线免费注册，加入阿里巴巴，免费宣传产品，查询求购信息，在线洽谈业务。当然，还可以付费加入诚信通业务，享受更多的优惠服务。

从平台的链接性质来看，阿里巴巴属于纵向平台。会员可以在阿里巴巴上发布和搜索销售或者求购信息，一搜索到匹配的信息，就可以和对方在线洽谈，进行在线或离线交易。

从平台的功能来看，阿里巴巴属于市场制造者，在阿里巴巴平台上，企业可以发布和共享信息，同时，阿里巴巴还为会员进行信用评估和第三方认证，来促进平台中不同市场方成员之间的交易。平台中的成员越多，交易信息的匹配机会就越大，寻找交易匹配也变得越容易。

（二）阿里巴巴的平台业务模式

作为一个 B2B 电子商务交易平台，阿里巴巴是通过整合市场中企业的供应信息和需求信息，为国内外的企业提供信用评估和第三方认证，并收取一定的会员费来经营的。在这样一个平台中，如果没有需求方和供给方对平台的需求，那么，另一方的需求也将会消失，这就符合双边市场的特征了。在召集双边客户方面，阿里巴巴是通过免费的方式来吸引第一批用户的。1999 年成立之初，阿里巴巴坚持免费 3 年，到 2001 年年底，成为全球第一个会员数过万的 B2B 网站。阿里巴巴为免费策略投入了大量的资金，在经历了互联网寒冬的 2001 年之后，阿里巴巴开始实现盈利，2004 年净利润达到 6 亿元人民币。

阿里巴巴的主要收入来自“诚信通”、“中国供应商”等付费会员用户，因为在阿里巴巴平台上，买方和卖方之间并没有严格的界限，所有的用户都可以通过发布和获得信息来进行交易，因此，在平台的定价方面，阿里巴巴主要考虑根据平台提供的服务来定价，通过为付费会员用户提供更多更优的服务，同时收取相应的费用，来平衡客户的利益。

当然，在阿里巴巴的发展历程中，也存在随着流动性增加来扩大平台规模、增大投资的业务模式。1999 年，阿里巴巴通过 500 万美元的天使基金投资开始建立网站，开展业务，其后，又通过不断地得到投资和融资等方式，逐步增加投资。2007 年，阿里巴巴在香港联合交易所上市，融得大量资金，从而成为中国互联网首个市值超过 200 亿美元的公司。

四、阿里巴巴平台的竞争模式

（一）服务差异化

阿里巴巴始终将关注的焦点放在中小企业，为全球中小企业服务，为中小企业构建电子商务经营平台，提供商务信息和服务。中小企业在开展 B2B 电子商务的过程中，面临着如建设投入大、运营成本高、见效周期长、效果不理想、缺乏标准化的应用系统、软硬件不断升级等一系列难题，而利用互联网方便、快捷、低成本的优势，阿里巴巴突破了地区壁垒，成为中小企业服务的良好工具，使中小企业真正实现了低成本的地域扩张。同时，在其发展的初期，利用免费推广的方式，也使中小企业不用投入较大的成本就可以获得收益。

阿里巴巴根据中国的国情，独创性地推出面向出口中小型企业的进出口信息及信用评价和认证服务，也取得了很大的成功。中国是世界上第四大进出口贸易国，有众多中小企业对进出口总额的提高起着重要的作用，但是它们规模小、销售渠道窄、商品需求信息缺乏，它们急需开拓国际市场，却无力负担昂贵的差旅费、广告费或在其他地方开设办事处的费用。阿里巴巴为了满足这类中小企业的需求，独创性地推出了主要面向中小企业、为其提供进出口信息服务的模式，旨在宣传推广这些企业的产品，为其形象和产品进行展示降低成本、创造销售机会。截至2008年9月30日，阿里巴巴的国际交易市场已拥有30 836名“gold supplier”会员，较2007年第三季度增加了6713名，这是阿里巴巴销售收入增加的主要来源。

为了解决电子商务中的交易信用问题，阿里巴巴与国际著名的华夏及邓白氏合作，在国际网站上全面推出企业商誉的量化工具“诚信通”，这一网上交互式信用管理体系结合传统认证服务与网络实时互动的特点，将信用与展示产品相结合，从传统的第三方认证、合作商的反馈与评价、企业在阿里巴巴的活动等，多方面、多角度、不间断地展现企业在电子商务中的实践和活动，为每个使用该服务的企业建立网上信用活档案，也为企业筛选信息和决策提供了重要的依据。同时，这一系统也有助于B2B电子商务市场的规范，促进一个诚信、完善的电子市场的建立。

（二）多属行为策略

阿里巴巴的用户也有一定的多属行为，他们会在不同的网站注册、发布信息、搜索信息，享受不同的B2B平台提供的服务。阿里巴巴会员多属行为的目的就是为了获得更多、更全面的商品信息，或者使自己产品信息的受众面更广。因此，随着会员数量的增多，有越来越多的来自世界各地的供应商和采购企业关注这个平台，会员在这个平台获得的信息越来越多，就有一些会员不愿再花费精力到不同的平台经营，会员的多属行为就有所减少了。因此，平台影响的扩大，是抑制平台会员多属行为的有效方式。

（三）用户产品多样性偏好

加入阿里巴巴的企业都希望在这个平台上获得尽可能多的信息，并期望在阿里巴巴这个平台上获得更多的匹配机会，来完成许多在现实世界中很难完成的销售和采购计划。因此，用户对产品多样性的偏好水平比较高。在平台规模不断扩大的情况下，产品的多样性不断地增大（在阿里巴巴平台上，买家和卖家是没有严格界限的，用户可以发布求购信息和供给信息）。因此，在用户的定价方面，阿里巴巴并没有根据其求购或供给的差别来区分，而是随着平台规模的扩大，产品多样性的增加，通过逐步推出新的服务来增加收费。

五、阿里巴巴平台的定价影响因素和管制能力

（一）阿里巴巴平台的定价影响因素

阿里巴巴平台的定价策略是建立之初免费，而随着规模的扩大，不断推出新的付费服务项目，赋予购买服务的用户相应的特权，来收取相应的费用。阿里巴巴的这一定价策略的影响因素主要有以下几点：

1. 用户的需求价格弹性

由于阿里巴巴的双边市场平台两方是对称的，并没有严格界限，因此，根据需求价格弹性的变化来分析，在阿里巴巴成立之初，由于注册用户数较少，获得匹配信息的机会相应较少，因此，用户的边际收益也就相应较小，而用户的需求价格弹性就比较大，对价格很敏感。在这个阶段，阿里巴巴实行免费的定价策略，以吸引大量的用户。随着用户数量的增多，获得匹配信息的机会就不断增加，用户的边际收益也就相应增加，用户的需求价格弹性逐渐减小，这时，通过推出付费服务来增加收费，比较容易为用户所接受，并乐意根据自己企业的需求购买服务，以享受对应的特权。

2. 网络外部性

网络外部性是指在中介平台进行的交易中，平台吸引的供应商或者消费者越多，相应地就会吸引更多的消费者或供应商进入该平台。因为该平台的交易机会相对比较多，相应的交易成本也会比较低。对于阿里巴巴平台来说，随着

用户数不断增加，新的用户进入所获得的交易匹配机会也越来越多，那么，其所对应的网络外部性就越明显，因此，随着用户数的增加来增加收费，这也是由平台的网络外部性来决定的。

3. 多属现象行为策略

针对用户的多属现象，阿里巴巴采取了两步走的收费策略。在公司成立之初，对会员实行免费注册的制度，吸引了一大批企业的加入；随着业务的不断扩大，推出了“诚信通”、“gold supplier”等付费服务来实现企业的收益。从2002年3月开始，所有在阿里巴巴中文站获得过贸易信息及反馈的老会员、新加入的会员，都必须购买“诚信通”这个每年收费2 800元人民币的产品，同时，购买了付费服务的用户，比免费注册的用户在发布信息、信息排序等方面享有特权，因此，可以吸引企业购买付费服务。而注册费用使用户多属的成本变大，有效地减少了用户的多属现象。

（二）阿里巴巴的管制能力

1. 作为许可授权者

阿里巴巴为付费用户提供一个第三方的身份认证，而供应商也可以在交易中形成自己的诚信档案，通过积累诚信度来增加采购商的信任度。这样的第三方认证，在B2B的交易特别是跨国交易中尤为重要，不但有效地减少了会员的不诚信行为，而且有利于有效的市场秩序的建立。

2. 作为竞争策划者

阿里巴巴有近百万的产品供应商，采购企业可以通过搜索，清楚地了解到产品的价格、型号、产地、供应商等详细信息，并通过在线交流与供应商进行谈判。这样的搜索和在线谈判，使得货比三家的成本非常低，采购企业可以比较产品之间细微的差异。因此，供应商之间就形成了很激烈的竞争，而阿里巴巴正是通过这样的竞争，使采购企业能够以最低的成本满足自己的需求，从而使这个平台对采购企业有很大的吸引力。

案例二　齐鲁制药
加强平台管理　推动平台营销

一、企业概况

齐鲁制药有限公司位于山东省济南市，是中国大型综合性现代化制药企业，主要从事治疗肿瘤、心脑血管、感染、精神神经系统、呼吸系统、消化系统、眼科疾病的制剂及其原料药的研制、生产与销售。

齐鲁制药有限公司前身为齐鲁制药厂，是中国大型医药骨干企业，拥有50多年的发展历史。1992年以来，齐鲁制药先后荣获“全国医药工业50强”、“中国100家最大医药工业企业”、“全国500家最佳经济效益工业企业”、“全国高新技术百强企业”、“全国五一劳动奖状”、“国家级企业技术中心”、“首届中国企业集团竞争力500强企业”、“国家食品药品监督管理局首批GMP认证企业”等荣誉称号。

二、营销平台管理体系

（一）CRM客户关系管理信息化子系统

随着齐鲁业务的不断发展，客户数量剧增，总部及办事处出现了对客户关系重视不足、客户关系管理缺乏系统性、客户资源不能共享、客户流失严重等现象；对经销商、员工及费用缺乏过程管理。为改变上述状况，齐鲁引进了基于CRM客户关系管理信息化子系统，加强了管理，提高了效率。该系统设有以下几个模块：

1. 合同管理平台

该平台旨在解决经销商的合同管理和协议管理。

任务管理：通过平台来设定销售任务管理；

协议管理：管理一级经销商和二级代理商的年度协议；

产品管理：利用系统来详细管理产品信息；

价格管理：详细的产品价格体系管理；

合同管理（订单管理）：结合企业管理制度来实现合同申请及审批流程，结合财务数据进行信用额度的管控。

2. 渠道管理平台

建立这一平台的目的是实现对医药企业所有渠道的信息化管理。

经销商管理：建立详细的经销商信息资料和对应的联系人信息资料，并详细记录历史沟通信息和订单信息；

医院管理：建立详细的医院信息资料和医生信息资料，并详细记录历史沟通记录；

终端管理：根据需要将终端分类并记录相关信息；

360度的客户信息管理：通过系统可以全方位查询与客户相关的信息资料。

3. 流向数据管理平台

通过这一平台对流向数据进行采集和分析，帮助企业提高管理能力。

流向数据采集：采用人工方式导入流向数据，或者采用技术手段实现每天自动抓取流向数据，帮助企业提高工作效率，减少工作量，增加流向数据的准确性；

库存数据采集：采集经销商和二级代理商的库存数据，帮助企业分析渠道库存，帮助企业决策者做好渠道库存分析和销售预测规划；

竞品数据采集：帮助企业收集竞争产品的数据，建立分析模型，为管理者提供决策分析依据；

销售代表数据统计：终端销售代表的拜访数据统计和分析。

4. 费用管理平台

这一平台重在实现对营销体系的费用管理，提高投入产出比。

预算管理：系统提供全面的预算管理，并分解到组织和个人；

市场活动管理：全面的市场活动管理，从申请到计划任务分配，到活动推行监控，到活动执行和结案，实现全流程管理；

促销物品管理：通过对促销物品的库存管理、使用管理来加强使用的有效性；

报销管理：完善费用报销流程，加强审核，提高工作效率；

费用分析：结合销售结果来分析费用的ROI。

（二）基于扁平化结构的组织运作子系统

为提高组织运作效率，办事处经理直接隶属于万和公司总经理，同时，市场部、代理部、普药部、OTC部均直接隶属于总经理，既缩短了管理的层级，又便于不同部门之间的协调，提高了整个公司的运作效率。

扁平化管理是指通过减少管理层次、压缩职能部门和机构、裁减人员，使企业的决策层和操作层之间的中间管理层级尽可能减少，以便使企业快速地将决策权延至营销的最前线，提高企业效率。当管理层次减少而管理幅度增加时，齐鲁金字塔状的组织形式就被“压缩”成扁平状的组织形式（图6－1）。

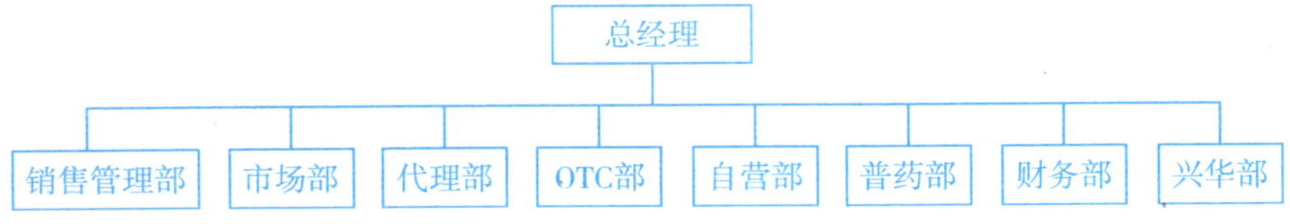

图6－1　齐鲁销售公司组织结构

（三）产品研发、策划、促销子系统

齐鲁专门成立了三块负责协调的协调部（见图6－2），设在研究院。研发部根据市场需要设计研发需求；策划部门即市场部根据产品特点和市场需求设计推广方案；各办事处及招商代理部对研发部提供的产品和策划部门设计的方案进行强有力的执行，形成把产品推向市场的合力。

研究院协调部在新产品上市之前召开项目协调会，相关研发人员、市场部和销售人员代表参加会议，会议拿出项目研究总结报告和市场策划报告，以上两个报告最终将作为产品推广的法律性文件，在市场部的监督下，报请万和总经理签发各个办事处和代理部执行。

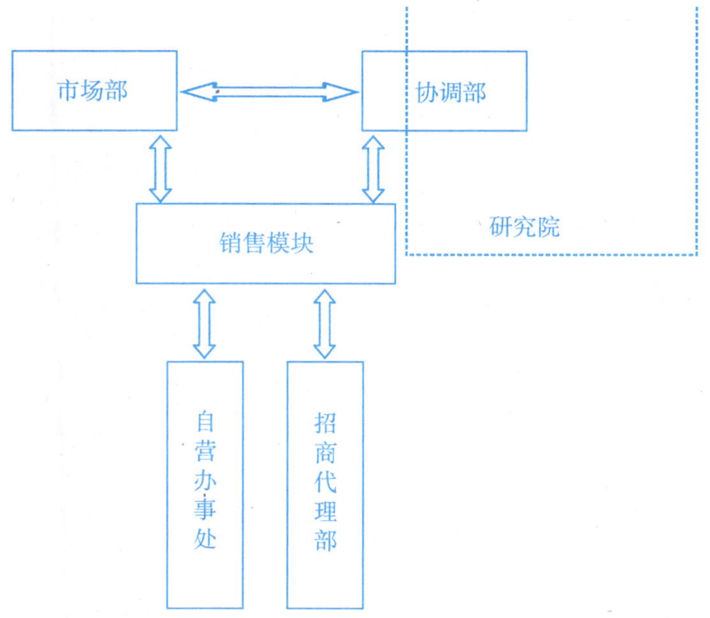

图6－2　齐鲁产品研发、策划、促销子系统示意

（四）价格管理子系统

首先，由齐鲁研究院根据产品研发过程测算各种原材料成本，计算出产品成本；其次，由市场部根据同类产品或相似产品，从市场和患者角度，提出一个具有市场竞争力的价格建议；最后，由市场部在综合考虑本公司产品质量、知识产权、包装等因素后，最终确定一个合理的市场价格。

根据齐鲁的产品特点，一般分为以下几种情况：

1. 成本加成法

国内独家产品或者专利产品，采用单独定价，往往参考成本加成法。该方法以成本为核心，按成本加一定利润率之和来制定销售价格。成本加成法的初衷是在保障药品生产者收回成本的前提下，控制流通环节中的每一次加价，从而达到限额盈利的目的。一般由研究院和市场部这一块来制定。

2. 参考竞品法

仿制药，从竞争角度，参考竞品来定价。这种药品一般是国内有多家上市企业，而且产品同质严重，一般由市场部根据包装或者竞争需要提出定价方案。

（五）招标运作子系统

齐鲁招标采取的是各地办事处经理负责制，办事处直接在当地从事销售工作，与商业公司、政府部门等有着很好的合作关系，信息获取及时。采取办事处经理负责制，就有效地调动了办事处经理的工作积极性，而且产品中标的好坏直接影响到办事处的切身利益，因此，多种因素导致办事处经理会非常负责和认真。

总部招标办负责集团内部协调。一方面是报价的指导和协调，即根据产品成本、利润及其他各地的价格情况，对某地报价提出合理化建议，保证最终中标的可能性、价格的合理性；二是资料的准备，包括各种企业资质、纳税证明等，提供专业全面的企业资料。

齐鲁的招标采购在办事处经理和招标办的协同下，确保在全国范围内招标中，多中产品，中好产品，为齐鲁的做大做强作出了重大贡献。

（六）人员招聘与培训子系统

齐鲁在销售人员的选择方面非常独特。其销售人员几乎是清一色的应届毕业生，经过三个月到一年的车间锻炼；或者是从车间等部门抽调。由于刚毕业的学生白纸一张，可塑性强，对企业文化认同度高，稳定性和忠诚度极高，有利于增强销售团队的凝聚力。目前，齐鲁员工的离职率可以说是行业内最低的。

这种招人选人的模式，其特征是总部人力资源部高度集权，招人选人的标准比较统一，只有总部才有招人资格，并负责新员工的培训。培训的形式主要是下车间锻炼，和企业老员工一起工作，接受企业文化教育和熏陶，进而喜欢和热爱企业。正是这种模式，使得从企业走出去的销售人员战斗力在国内医药企业中名列前茅。

当然，随着齐鲁的发展，对销售人员的需求迅速增加。总部招人选人的模式还是比较慢，很难满足市场对人的需求。所以，近年来齐鲁也做了一些尝试，给各地一定的灵活性，招聘一部分较成熟的销售人员来补充市场空缺，但必须报总部备案。

（七）基于平衡计分卡的绩效管理与薪酬设计子系统

传统的营销人员通常是按业绩考核。但业绩考核除了有目标性强、激励效果好的特征外，还具有短期性的特点，容易导致营销人员急功近利，单纯关注业绩而忽略市场的长远发展，营销人员的流动性较大等弊端，增加了管理难度。

1. 平衡计分卡概述

平衡计分卡（Balanced Score Card，BSC）始创于1992年，是由哈佛大学商学院教授罗伯特·卡普兰和复兴国际方案总裁戴维·诺顿设计的。平衡计分卡将企业的远景、使命和发展战略与企业的业绩评价系统联系起来，并把企业的使命和战略转变为具体的目标和评测指标，以实现战略和绩效的有机结合。它既包含了传统绩效考核的财务指标，又通过内部流程、学习和成长等业务指标来补充说明财务指标，使整个绩效考核体系更趋于完善。

2. 引入平衡计分卡的意义

人力资源管理的核心是绩效管理，绩效管理的关键在于绩效考核。建立一套科学、可行的绩效考核指标体系，是企业实施绩效管理的重要前提。对于企业来说，营销人员是企业的宝贵财富，激发营销人员的自发性和工作的主动性，可以有效提升营销人员的工作热情和工作绩效，从而提高企业的营销收入。因此，设计一套科学的营销人员考核体系，不仅可以有效引导营销人员开展营销工作，而且有利于建立科学的管理流程，更好地为实现营销目标服务。绩效管理工具运用得恰当与否，关系到企业整个绩效管理体系是否能真正发挥作用。平衡计分卡就是这样一个先进的管理工具，它能化战略为行动，通过建立财务、客户、运营、学习成长四个纬度的指标，对工作业绩实现过程和结果进行评价考核，把公司的目标与部门、员工的目标紧密地结合起来。对企业而言，其收入主要来源于营销人员的努力。我们常见的对营销人员的考核，往往只看他的销售结果，其实，这对营销人员来说是不公平的，因为过程中有很多因素会对考核结果产生影响。通过运用平衡计分卡工具，不仅可以科学地评价营销人员付出的努力，而且可以使营销人员看到，他的努力不仅与他的收入有关，而且与企业的发展战略是紧密相关的。

运用平衡计分卡对营销人员进行绩效考核，较好地兼顾了效率与公平、短期目标和长远目标，实现了个人利益和公司利益的统一，有利于激励员工工作的积极性和主动性，鼓励员工自我发展；有利于公司规范管理，提高绩效管理能力；有利于营销队伍的可持续发展；有利于公司整体长远目标的实现。

3. 运用平衡计分卡考核法的具体流程

（1）建立企业的市场远景和战略任务。首先，必须全面了解掌握企业各方面的信息，在此基础上进行充分的分析和沟通，进而确立企业的市场远景和战略任务。

（2）市场远景和战略任务达成共识。与企业的所有营销人员沟通企业的市场远景和战略任务，使其对企业的市场远景和战略任务达成共识。从财务、客户、内部运营、学习发展四个方面设定具体的绩效考核指标。

（3）确定量化考核指标。齐鲁在考核员工方面，对财务、客户、运营、学习成长四个纬度的指标进行合理的权重分配及指标分解（见表6－1），有效地调动了员工的积极性，企业营销战略目标也得到了很好的诠释和分解。

表6－1　齐鲁销售人员业绩评价指标及权重

指标类别	对业绩的影响指标	评分
财务指标	销售额、销售增长	6
客户指标	客户满意度、客户忠诚度	2
内部运营	团队合作与效率	1
学习与成长	员工发展潜力	1

（4）确定绩效目标值。按照市场的不同情况，确定营销人员每年、每季、每月业绩衡量指标的具体数字，并与企业的计划和预算相结合。将每年营销人员的浮动薪酬与绩效目标值的完成程度挂钩，形成绩效奖惩机制。

（5）实施与调整绩效考核。为切实保障考核的顺利实施，应加强与员工的沟通和培训。考核结束后，要及时汇报企业各个市场的绩效考核结果，听取各区领导和营销人员的意见。通过评估与反馈分析，对相关考核指标作出调整。

三、以营销平台为依托的零售终端策略

齐鲁制药处方药销售成功的因素很多，但其对营销平台的打造和管理，以

及利用强大的平台进行处方药营销，以处方药带动 OTC 销售等举措，不能不说是其有别于其他处方药企业成功的关键因素。通过强大的营销平台，齐鲁制药成功实现了“以处方药带动 OTC”的销售战略。

对长期立足于处方药市场的制药企业而言，绝大部分面临着进入 OTC 市场的重重考验。未来齐鲁制药还会抛出什么样的杀手锏实现 OTC 市场的整合发力?

一个基业长青的企业，离不开持续的创新与突破。追根溯源，齐鲁制药几十年来的高速发展，主要得益于实施“以企业为主体、以市场为导向、以产学研紧密结合为依托”的创新发展战略。公司在药物研发方面，始终坚持巨资投入——在目前国内企业每年平均研发投入不到销售收入的 1% 的情况下，齐鲁制药的研发投入已经连续数年超过了年销售收入的 5% 。

良好的在研产品线为齐鲁的长远发展奠定了坚实基础。因此，面对新的市场，齐鲁具有强势的产品组合力。目前齐鲁进入 OTC 市场的产品包括丁克、齐征气片、适迪及抗感染常用的头孢/阿奇毒素等，不仅品种剂型众多，能形成零售终端的一种合力，同时，在季节上也可以形成互补，每个季节都有主打推广的产品。

在营销策略上，多年来齐鲁制药拥有一支专业化的营销团队，高度重视产品的学术推广与品牌塑造，与客户构建了广泛的双赢合作关系。近年来，公司销售快速提升，抗感染、抗肿瘤、心脑血管药等各类产品得到临床的高度认可，市场份额持续快速提高，除拥有遍布全国的销售网络外，多个制剂产品的市场占有率位居国内第一。依托这样的基础，齐鲁将形成一种“以处方药带动 OTC”的独有营销方式。

这其实是一种品牌互推的逻辑关系。以处方药市场的优势带动 OTC 的专业化推广，反过来，再以 OTC 市场的影响力进一步深化和推动处方药市场。

例如，丁克最大的竞争对手是达克宁，后者早在 1989 年就进入中国市场，从医院使用到零售终端推广，品牌已深入人心；加之西安杨森强大的销售队伍，使达克宁一直保持着脚气药市场的霸主地位。与丁克主要成分相同的兰美抒，在市场上也有很强的品牌影响力。面对强劲的对手，齐鲁制药依托专业的学术推广及全新的OTC市场推广思路，发挥自己在处方药市场的营销优势，带动了OTC市场的品牌渗透和消费认知。

案例三　持续开展活动平台营销 某药业销售业绩一年翻番

在上海、北京、广州等一线城市，某药品被年轻消费者视为低端产品。2005年，某药品成为唯一成功入选《中国药典（2005版）》的滴眼液产品。在新版药典中，某药品更名“某某牌四味珍层冰硼滴眼液”，拥有“某某”商标，并成为国家教委指定的青少年防近视产品。在此基础上，经过深思熟虑、综合利弊后，某药品断然调价，彻底改变了某药品在消费者心目中的固有形象。2009年，某药品打出“防近视某”的新市场定位，并推出一系列新概念产品，在消费者培育上，利用系列化的活动平台，重点针对学生群体进行了全面广泛的宣传，极大地提升了中药类产品在滴眼液市场的份额。

一、找准市场定位和消费者诉求点

随着滴眼液市场的快速扩大，竞争日趋激烈。一方面，以曼秀雷敦、正大福瑞达为代表的外资、合资企业凭借着高超的营销技术，一入市就以高价格、高利润、强势推广的营销策略，快速蚕食着国内滴眼液市场；另一方面，以潜江制药为代表的国内企业则不断以新概念产品冲击传统的市场格局。在这种局面下，中药滴眼液的市场份额不断萎缩。

2009年春节过后，受金融危机的影响，很多制药企业对市场前景感到担忧。滴眼液行业几大巨头博士伦福瑞达、曼秀雷敦制药、仁和闪亮纷纷发力，加大了广告投放及渠道促销力度，对某药品销售造成了一定的压力。

但某药品的“防治假性近视”功能，是市场占有率相近的几个竞争品牌所没有的，暂时没有产品能够替代。

调查发现，某药品的主要购买者是15～35岁的人群。为此，某药品通过一系列活动，将信息有效传播到主要目标市场和人群中，进一步加强了消费者对某药品的信任，逐步培养起消费者的品牌忠诚性，为建立消费者对某药品的知名度，提升品牌认知和好感奠定了基础。同时，围绕某药品的核心消费者（学生人群），整合捐赠活动、大学生广告节、药店超级团队大赛、线上等传播活动，从而形成合力，提升了销售。

锁定学生群体，提出“防近视某”的宣传策略，通过反复诉求，强化某药品所具明目去翳、清热解痉之功效，使消费者需求与品牌直接对接，一旦出现最主观的症状或感觉，就能首先联想到某药品，强有力地影响了购买决策。

二、不间断地开展系列化的传播活动

在确定核心传播理念及终端消费者后，某药业逐次开展了一系列、不间断的活动传播。

（1）与中国光华科技基金会联合开展了“防近视——某校园关爱行动”。向北京、河北、河南、山东、陕西、新疆等省（自治区、直辖市）13个地级市的50多万名大、中、小学生捐赠总价值400多万元的滴眼液，用于在青少年群体中普及用眼、护眼卫生健康常识，改善当前青少年近视低龄化的趋势，积极推动我国青少年防近视用眼、护眼卫生公益活动的开展，促进社会各界关注青少年视力健康教育。

（2）开展大学生广告艺术节。作为第七届大学生广告艺术节赞助单位，某药业在启动仪式、全国高校巡讲、颁奖盛典中，全方面、立体化地进行企业形象宣传。

（3）开展“某某杯2009年全国药店超级团队选拔大赛”。通过大赛推广，邀请了1 000支参赛队（3 000名药店从业人员），影响药店从业人员5万余人次，提高了某品牌在药店从业人员心目中的形象，促进了药店单店品种销售机会。

（4）实施立体化媒介策略。某药业根据2008年各大区的销售完成及增长情况，确定了3（浙江、广东、河北）+6（山东、河南、辽宁、四川、湖北、江苏）个重点区域；坚持以学生为主要消费传播人群。在某药品的销售旺季，通过央视、卫视+重点区域省台来全高空覆盖宣传，并在全国数十个城市加强户外广告的补充。

在各种传播活动的共同发力下，某药品在2009年竞争异常激烈的滴眼液市场中，从2008年1.5亿元的销售额，上升到2009年的2亿元销售业绩，达到了其历史上的销售新高。

经市场调查，调价乃为改变形象之最佳策略。同时，由于生产成本增加，某药品企业权衡利弊，决定对原有产品实施调价策略，重新定价为13.8元，并获得成功，堪称调价策略之经典案例。

案例四　创新联盟平台营销

万德玛引入“特许加盟”，实现产业链无缝对接

新医改迫使企业与代理商重新定位二者之间的关系。万德玛的“特许加盟”营销模式，改变了以往单纯“上游供货、下游售货”的关系，在双方分析了自身优劣条件的基础上，通过资源互补，使双方的关系更加紧密，实现了产业链的无缝对接。

一、传统营销平台面临挑战

随着新医改的逐步深入，行业中影响面最广、采用最多的底价代理营销模式受到了挑战。虽然还有不少代理商至今仍在靠“过票”谋利，但控制出厂价、流通差率及零售价的“三控”管理和“两票制”将成为截断传统代理制灰色利益链条的利器。所有这些都说明，传统营销平台正在面临挑战。

而且，在代理制模式下，企业作为营销主体的作用被严重削弱，过分依赖代理商，造成了双方资源不能共享，市场推广手段单一，不利于形成有效的品牌积累，最终必然导致产品的销售增长无法健康持续。

二、“特许加盟”为企业助跑

在其他行业，“特许加盟”已经不是什么新名词了，世界500强中的“麦当劳”、“肯德基”、“星巴克”等都是采取这种模式。万德玛特许加盟营销正是基于这一模式，并结合医药行业的实际进行了创新，将以实体店为单位的形式变为以医院为单位。

改变企业与代理商的关系是万德玛特许加盟的精髓，万德玛向受许人提供其产品的商业经营特许权，加盟者不必担心代理权被随时收回。同时，万德玛还会给予加盟商医学、市场、财务、物流配送、人力资源等方面的指导和帮助，受许人则提供运营资金、医院关系、营销力等，进而实现双方共赢。

万德玛首先要筛选特许加盟商，根据代理商所能提供资源的数量和质量，将符合标准的代理商转变成特许加盟商。最初，加盟商不需要缴纳加盟费，但随着这一模式的逐渐成熟，万德玛将标准进行了分级，同时规定不同的级别缴纳不同的加盟费，当然也享受不同的待遇。

为了实现对特许加盟客户的统一管理，万德玛专门建立了合作资源部，还制定了相应的管理考核制度，并针对特许加盟商的需求，对特许加盟客户及其员工统一开展培训。

在万德玛看来，统一的品牌和学术营销是彻底改变传统带金销售和实现企业可持续发展的根本方法，当然也是特许加盟模式实施的重点。

万德玛借助于万全（万德玛是万全药业旗下的营销商业企业）的研发平台，为特许加盟客户源源不断地提供新产品。万全主要以抗感染药、心血管系统用药、神经系统用药、胃肠道消化系统用药、抗糖尿病药和抗肿瘤药为主要领域，而且具备从普通剂型到控释、缓释剂型药物等制剂技术实力。这就解决了代理商找产品的问题，也消除了顾客对新产品的不信任感，借助原有品牌的声誉使新产品迅速打开销路，条件是特许加盟客户承诺不再经销相关竞品。

万德玛打破了以往的带金销售模式，除了利用万全数百位专家、学者的人才力量外，万德玛还借助其临床公司庞大的临床资源，与全国上百家大型综合及专科医院密切合作关系，协助加盟商进行市场开发，真正实现学术营销。

为了支持加盟客户的营销，万德玛的人力资源部和市场部会根据客户的要求提供协助。例如，人力资源部提供专业咨询服务给加盟商，帮助他们解决招聘、培训等困难；市场部为他们组织各种市场推广活动，营造有利的学术环境，并按照各特许加盟客户的个性要求定制促销材料，利用各种媒介进行品牌的宣传推广。

转变了企业与客户的关系后，万德玛统一了财务结算，将底价结算转变为佣金结算。

此外，万德玛还加强了对商业渠道的管控，建立了自己的商务队伍，与大型商业建立战略合作伙伴关系，由公司统一负责招投标，从而加强了企业的营销主导地位。

万德玛特许加盟规模逐步扩大，目前加盟商数量已达到300个，遍及全国26个省（自治区）。虽然特许加盟商的数量仅占万德玛代理商总数的10%，但是销售量却达到了销售总额的40%～50%。万德玛已经连续3年保持了100%以上的销售增长。

案例五　借力媒体平台
红罐王老吉销售业绩一路飘红

一、公司简介

广州王老吉药业股份有限公司始创于1828年，历经百多年的发展，现已成为我国中成药生产企业50强之一，曾荣获“中华老字号”、“全国先进集体”、“广东省医药行业质量效益型先进企业”和“中国五星级企业”等荣誉称号。

王老吉药业拥有先进的厂房设备，管理规范，获得国家药监局颁发的GMP证书。主要产品有王老吉系列、保济丸、保济口服液、小儿七星茶、清热暗疮片、克感利咽口服液、痰咳净、藿胆丸等，其中王老吉清凉茶、王老吉广东凉茶颗粒、保济丸、痰咳净等被评为“广东省、广州市名牌产品”和“中国中药名牌产品”。

王老吉药业一贯重视技术创新与技术进步，公司内各类专业技术人员约占员工总数的50%。公司承担的“二氧化碳超临界萃取仪技术在中草药中的应用研究与开发”项目获广东省科技进步二等奖、广州市科技进步一等奖；首家建成全自动立体仓库；自行研制成功具国内外先进水平的全自动保济丸包装机，生产效率为引进的日本包装机的四倍。

公司积极与科研单位及大专院校合作，运用最新中药现代化“三超”技术研制保济片、克感利咽口服液等新产品。克感利咽口服液因在“非典”期间表现出对流感病毒和呼吸道常见致病菌有明显抑制作用，被列为“广东省抗流感重点科研攻关项目”；公司还与南丹麦大学签署了《克感利咽口服液抗病毒机理的研究》专项科技合作项目，以“科技输出”的形式成为欧盟传统药品法生效后，国内首家进入欧盟的企业。

二、王老吉产品分析

王老吉以“清热解毒，预防上火”这个特性打入市场，有着不断延伸的生命周期、醒目得体的包装、完善的质量管理体系及稳定卓越的产品质量，深受消费者的喜爱。

品牌塑造了“健康家庭，永远相伴”的形象。

（一）产品性能

王老吉产品的性能有：清热解毒、祛痘养颜；预防四时感冒发热，声沙哑痛。主治熬夜积火，燥热积滞、便秘、口干尿赤、牙痛溃疡等症。其最突出的性能是：清热解毒，预防上火。

（二）产品价格

王老吉 310 mL（罐装），市场报价：3.50 元。

王老吉 250 mL（盒装），市场报价：2.00 元。

用户普遍关注王老吉产品质量，价格与用户心理预期已比较接近。

（三）企业赋予产品的形象

王老吉诞生于1828 年，被称为“凉茶始祖”，成为当地人日常的保健医药饮品，用来“清热解毒祛暑湿”，并定位于“预防上火的饮料”推向全国。王老吉品牌塑造的是“健康家庭，永远相伴”形象。

（四）消费者对产品形象的认识

由于“预防上火”是消费者购买红色王老吉的真实动机，显然有利于巩固加强原有市场。同时，企业对于新定位的期望——“进军全国市场”作了缜密的论证，经过市场调查、专家访谈，结果一致显示，中国几千年的中药概念“清热解毒”在全国广为普及，“上火”、“祛火”的概念也在各地深入人心。

（五）产品定位

预防上火的饮料，独特的价值在于——喝红罐王老吉能预防上火，让消费者无忧地尽情享受生活。其定位的效果：

1. 有利于走出广东

由于“上火”是一个全国普遍性的中医概念，而不再像“凉茶”那样局限于“两广”地区，这就为红罐王老吉走向全国彻底扫除了障碍。

2. 规避同业竞争

避免红罐王老吉与国内外饮料巨头直接竞争，形成独特区隔。

3. 变劣势为优势

成功地将红罐王老吉产品的劣势转化为优势，淡淡的中药味，成功转变为“预防上火”的有力支撑。

三、王老吉消费者分析

（一）消费者的总体态势

1. 消费文化

广东的消费者饮用红罐王老吉主要在烧烤、登山等场合。其原因不外乎“吃烧烤容易上火，喝一罐先预防一下”、“可能会上火，但这时候没有必要吃牛黄解毒片”。

在对饮食文化的了解过程中，研究人员发现，不少地区的消费者对于“上火”的担忧比广东有过之而无不及，如消费者座谈会桌上的话梅蜜饯、可口可乐都被说成了“会上火”的危险品而无人问津。而他们对红罐王老吉的评价是“不会上火”，“健康，小孩老人都能喝，不会引起上火”。这些观念可能并没有科学依据，但这就是消费者头脑中的观念，这是研究需要关注的“唯一的事实”。

2. 消费动因

消费者的这些认知和购买消费行为均表明，消费者对红罐王老吉并无“治疗”要求，而是作为一种功能饮料购买，购买红罐王老吉的真实动机是用于“预防上火”，如希望在品尝烧烤时减少上火情况发生等，真正上火以后可能会采用药物，如牛黄解毒片、传统凉茶类治疗。

（二）现有消费者分析

1. 消费群体构成

王老吉的现有消费者有1亿人以上，年龄大多在30～40岁，有稳定的职业，相对丰裕的收入，文化程度较高，主要分布在广东等地。

2. 消费者的消费行为

消费者购买王老吉一般是在烧烤、登山、外出就餐、聚会、家庭等场合饮用，原因就是预防上火，却不必吃消炎药，一般购买于酒店、超市或者商场等。

3. 消费者的态度

消费者对红罐王老吉的评价就是“不会上火”，“健康，小孩老人都能喝，不会引起上火”。这就是消费者头脑中的观念，是需要关注的“唯一的事实”。相对于其他的饮料类或是凉茶类，消费者对于王老吉更是有种偏爱。消费者的这些认知和购买消费行为表明，消费者对红罐王老吉只是作为一种功能饮料购买，购买的真实动机就是“预防上火”。

（三）潜在消费者及其购买行为分析

潜在消费者有5 000万人，年龄在25岁左右，处于事业的发展期，有较好的前景，受过良好的教育。此外，还有许多儿童、女性以及老年人也是潜在消费者。

潜在消费者一般购买可乐类饮料或者茶类饮料，并没有特别的购买计划，不是特别青睐于某种饮料。

四、王老吉的网络营销分析

凉茶是广东、广西地区的一种由中草药熬制，具有清热去湿等功效的“药茶”。在众多老字号凉茶中，又以王老吉最为著名。王老吉凉茶发明于清道光年间，至今已有175年，被公认为“凉茶始祖”，有“药茶王”之称。到了近代，王老吉凉茶更随着华人的足迹遍及世界各地。

2003年，王老吉的宣传推广投入为4 000多万元，2004年增加到1亿元，2005年1亿多元，2006年世界杯期间广告投入更是激增，全年的广告投入约2亿元。近3年王老吉的广告投入连续以几何级数猛增。

开展宣传推广的目的：使王老吉走出广东，推广到全国，让全国观众了解王老吉，购买王老吉，进而增加其销售额，获得更多利润。

许多人初识王老吉是在电视广告上。刊登广告不是问题，但要在央视黄金时段登就一定算得上是大广告了。我们可以看见一组火红的场景，几个充满活力的年轻人，高举王老吉喊出它的广告语：“怕上火，就喝王老吉!”很快，大家就都记住了这个新品牌、新饮料，并且铭记了它最主要的功效——去火。在网络营销“4I”原则中，利益原则最为核心。王老吉以去火为中心展开营销，即围绕利益原则告诉人们一个信息：最新出品的饮料王老吉的功能是去火。告之产品信息和功能也是利益原则中最主要的核心内容。

随后，2008年汶川地震捐款事件的营销，让全国观众进一步认识了王老吉，紧接着又借助北京奥运会，向玉树地震灾区捐款1.1亿元，赞助广州亚运会，等等，通过这些大事件的营销，王老吉彻底红遍中国。此外，王老吉还有许多其他的营销活动，如王老吉学子情、十年助学活动，王老吉昆仑山整箱包邮，“吉迎新春，吉运到家”王老吉春节送机票活动，先声夺金王老吉唱响亚运歌手挑战赛，等等。

王老吉公司通过一系列的广告传播，使其品牌知名度迅速上升，成为国内知名的饮料公司。

五、王老吉传播方式分析

综合上述分析，我们发现，利用传统媒体和新媒体平台进行终端营销，是王老吉成功的主要原因之一。那么，王老吉是如何利用媒体做营销传播的呢？

下面分别对王老吉公司的传播方式进行分析，主要包括大众传播、分众传播、精准传播的适用对象、运作方式及营销效果等。

（一）大众传播

1. 概念

大众传播是一种信息传播方式，是特定社会集团利用报纸、杂志、书籍、广播、电影、电视等大众媒介向社会大多数成员传送消息、知识的过程。这一定义仅指传播的单向过程，不包括反馈。随着大众媒介的发展，大众传播将成为双向过程。

2. 受众对象

大众传播的受众是社会上的普通大众，即“一般人”，不分群体和阶层。只要能接收到大众传播信息的人都是大众传播的对象，说明大众传播是以满足社会上一般大众信息需要为目的的，信息的生产与传播不分阶层和群体。

所谓受众，是指通过大众传播媒介接受信息的人，包括报刊读者、广告听众、电视和 VCD 等电子媒介的观众，以及互联网的网民，即各类传播活动中信息的接受者，又称之为受传者。在一般意义上，“受传者”侧重于接受信息的个体，而“受众”主要是从受传者整体的角度定义的。就传播活动中的具体情况看，大众传播的受传者相对固定一些，条件的限制无法满足他们随时反馈、发布自有信息的愿望，只是在相对稳定的时间和空间被动地接受传播者所发布的信息。

3. 王老吉的大众传播策略

王老吉采取的大众传播方式主要是电视广告，还利用了 POP 广告、杂志、电影等进行宣传。

在广告宣传中，红罐王老吉都以轻松、欢快、健康的形象出现，避免出现对症下药式的负面诉求，从而把红罐王老吉和“传统凉茶”区分开来。

为更好地唤起消费者的需求，电视广告选用了消费者认为日常生活中最易上火的五个场景：吃火锅、通宵看球、吃油炸食品薯条、烧烤和夏日阳光浴，画面中人们在开心享受上述活动的同时，纷纷畅饮红罐王老吉。结合时尚、动感十足的广告歌反复吟唱“不用害怕什么，尽情享受生活，怕上火，喝王老吉”，促使消费者在吃火锅、烧烤时，自然联想到红罐王老吉，从而促成购买。

红罐王老吉的电视媒体选择主要锁定覆盖全国的中央电视台，并结合原有销售区域的强势地方媒体，在 2003 年短短几个月，一举投入 4 000 多万元广告费，销量立竿见影，得到迅速提升。同年 11 月，企业乘胜追击，再斥巨资购买了中央电视台 2004 年黄金广告时段。正是这种疾风暴雨式的投放方式，保证了红罐王老吉在短期内迅速进入人们的头脑，给人们一个深刻的印象，并迅速红遍全国大江南北。

4. 效果分析

王老吉突出了产品功效，使消费者对产品有了认识，增强了品牌认知度。通过广告推广使人们对凉茶有了新的认识，确立了王老吉的凉茶龙头老大地位。

随着广告的巨额投入，其销量实现了三年“三级跳”——2003 年 6 亿元，2004 年 10 亿元，2005 年一举跃升到 30 亿元，2012 年更是突破 200 亿元大关。

在广告投入之后产品销量猛增，业绩节节上升。2003 年红罐王老吉的销售额比 2002 年同期增长了近 4 倍，由 2002 年的 1 亿多元猛增至 6 亿元，并以迅雷不及掩耳之势迅猛冲出广东。红罐王老吉成功的品牌定位和传播，给这个有 175 年历史、带有浓厚岭南特色的产品带来了巨大的效益，2004 年，尽管企业不断扩大产能，仍供不应求，订单如雪片般纷至沓来，全年销量突破 10 亿元；2012 年再接再厉，全年销量超过 200 亿元。

同时，百事可乐旗下的企业肯德基，也将王老吉作为中国的特色产品，确定为其餐厅现场销售的饮品，这是目前中国大陆市场唯一进入肯德基连锁的中国品牌。

（二）分众传播

1. 概念

分众传播是指面向一个有清晰特征的受众群所进行的“窄播”。分众传播的思路就是如何从“以获取绝大多数人的注意力为目标”，转向“以获取某特定部分人的注意力为目标”。

专业化的广播电视频道与栏目、行业性的报纸版面、个性化的杂志等，是传统大众媒体的分众化。而专业网站和特色网站、以电梯媒体和液晶电视媒体为先锋的社区媒体，则是新型分众媒体的典型代表。

2. 适用对象

所谓细分受众群，是指传播者通过调研，依据受众的动机、需要、欲望等诸方面的差异，把受众划分为若干个受众群，从而确定传播方式的过程。这些有着相似或相近动机、需要、欲望的受众构成了一个目标受众群，也称子受众群或“亚受众群”。细分目标受众群的客观基础，是受众需求的两重性，即差异性和相似性。受众需求的差异性是由多种因素的综合影响形成的，受众的需求因性别、年龄、收入、居住地点、文化传统及需求层次的差异而千差万别。另一方面，受众的需求存在差异，并不是每人各属一种类型，而是有相当数量的受众者，在对传播的需求上存在着相似或一致性。通过细分受众群，增强了传媒的适应能力和应变能力，避免了在传播中分散用力，现有人力、财力、物力资源能够集中使用于一个或几个目标受众群，扬长避短，有的放矢地开展针对性传播。

3. 王老吉的分众传播策略

王老吉在分众传播上，针对目标顾客大多为年轻人，在酒店、火锅店就餐较多，还有一些学生。可以与酒店等建立合作关系，针对他们开展一些传播。

在频频的消费者促销活动中，同样是围绕着“怕上火，喝王老吉”这一主题进行。如在一次促销活动中，加多宝公司举行了“炎夏消暑王老吉，绿水青山任我行”刮刮卡活动。消费者刮中“炎夏消暑王老吉”字样，可获得当地避暑胜地门票两张，并可在当地度假村免费住宿两天。这样的促销，既达到了即时促销的目的，又有力地支持和巩固了红罐王老吉“预防上火的饮料”的品牌定位。

在针对中间商的促销活动中，充分考虑了如何加强餐饮渠道的开拓与控制，推行“火锅店铺市”与“合作酒店”的计划，选择主要的火锅店、酒楼作为“王老吉诚意合作店”，投入资金与它们共同进行节假日的促销活动。由于给商家提供了实惠的利益，因此，红罐王老吉迅速进入餐饮渠道，成为主要推荐饮品。

4. 效果分析

这种大张旗鼓、诉求直观明确——“怕上火，喝王老吉”的广告运动，直击消费者需求，及时迅速地拉动了销售；同时，随着品牌推广的进行，消费者的认知不断加强，逐渐为品牌建立起独特而长期的定位——真正建立起品牌。

王老吉通过精准传播，对酒店、火锅店的人群及学生进行准确的宣传，即加强了对王老吉产品的宣传，又找到了良好的合作伙伴，树立了良好的企业形象，为王老吉的品牌推广提供了条件，使其顺利实现了进军全国的目标。

（三）精准传播

1. 概念

精准传播就是针对目标顾客进行针对性的广告投放，主要通过电子邮件、电话、短信等方式进行一对一的沟通。

实施精准传播的前提是清晰的品牌市场定位，核心是 CRM（客户关系管理），主要理论依据是“4C”（客户、成本、便利、沟通）。

2. 特点

精准传播有三个特点：

（1）目标受众的精准选择。体现在广告传播就是要求精准地选择目标受众，在此基础上设计针对性的广告并进行投放。

（2）传播效果的精准衡量。能对广告传播的效果进行精准传播衡量，是精准广告传播的另一核心要点。

（3）一对一传播沟通体系。企业在广告传播的过程中，不仅要对目标受众进行精准定位，还要与其进行一对一的直接沟通，掌握目标受众的相关信息，为其解答关于商品或服务的疑问，消除其购买顾虑，充分挖掘潜在需求，在互动沟通的基础上维系老顾客，更重要的是开发新顾客，并培育起新顾客对企业的忠诚度。

3. 王老吉的精准传播策略

针对一些精准的目标受众，王老吉采取的精准传播方式主要有与火锅店、酒店合作，对常来吃火锅的人进行精准传播，也通过建立俱乐部、发电子邮件等，提供一对一的交流，发掘潜在顾客。

由于王老吉是大众产品，把产品定位为“怕上火喝王老吉”，针对这些用户，王老吉建立了与火锅店、酒店的合作，并在餐桌上提供王老吉产品。配合餐饮新渠道的开拓，为餐饮渠道设计布置了大量终端物料，如设计制作了电子显示屏、灯笼等餐饮场所乐于接受的实用物品，免费赠送。在传播内容选择上，充分考虑终端广告应直接刺激消费者的购买欲望，将产品包装作为主要视觉元素，集中宣传一个信息：“怕上火，喝王老吉饮料”。餐饮场所的现场提示，最有效地配合了电视广告。正是这种针对性的推广，消费者对红罐王老吉“是什么”、“有什么用”有了更强、更直观的认知。目前，餐饮渠道业已成为红罐王老吉的重要销售传播渠道之一。

4. 效果分析

通过在火锅店、酒店的大量宣传，王老吉成为了餐桌的主要饮料产品。大多数人吃火锅和吃辣菜都必点王老吉，红罐王老吉迅速进入餐饮渠道，成为主要推荐饮品。这既增加了王老吉的销量，又扩展了销售渠道，不仅增加了王老吉公司的销售额，而且其产品开始走出广东。

案例六　细分市场　精准传播

亚洲制药借力新媒体实施平台营销

“春晚”是全国人民的话题焦点，网络正成为年青一代的精神世界。亚洲制药将二者结合，成就了一次颇具想象力的创新营销：“直播提示＋留言互动＋温暖祝福”带来品牌植入。尽管短期内其产生的销售回报尚难精准统计，但有一点可以肯定：依托视频网络会让“小快克”在年轻父母与准父母的心中打下清晰的烙印，这算得上是一份长期订单。

一、在细分市场中寻找营销策略

在感冒药每年150亿～200亿元的市场份额中，儿童感冒药正茁壮成长。近几年已孕育出仁和“优卡丹”、太阳石“好娃娃”、哈药集团“护彤”以及亚洲制药“小快克”等明星品牌。任何一家企业如果能在市场细分中找到胜人一筹的营销策略，无疑都会使自己在激烈的竞争中拔得头筹。

据预测，2013年中国互联网总用户数已达到6亿。包括中央电视台、各大卫视甚至移动电视等强势平台的广告价格成本开始水涨船高。与此同时，药品降价正一波未平，一波又起，企业迫切需要从节约成本中获得生机。而网络新媒体较之前者恰好拥有这一优势，且影响力已越来越大。另外，网络的互动性也远优于传统电视。

自2003年上市以来，小快克在原有快克超人的基础上打造小熊形象，成为知名度和品牌认可度颇高的小儿感冒用药，尤其受众多年轻母亲的青睐。遗憾的是，它还没有找到机会依托一个焦点事件形成聚合效应，更没有找到适合此操作的平台。

2010年岁末，亚洲制药把握营销契机，联手酷6网策划实施节日温暖营销——“小快克送祝福温暖过大年”。基于春节这个全体中国人聚焦的特殊时段，借助春晚对小快克品牌进行集中展示，通过挑选适合家庭用户口味的内容和广告形式，定制家与温暖的主题，让明星和普通民众共同表达自己的新年祝福，传播温情与关怀，对目标受众实施精准化营销。通过网络留言和评论等形式与网友直接进行沟通互动，以达到刺激消费的目的。

二、携手新媒体平台做精准传播

小快克适用于1～12岁儿童，包装采用半袋分隔技术，方便不同年龄层儿童准确把握用量，草莓口味也化解了父母对孩子抵制用药的担心。小快克在具体操作中，则将受众人群定位为全国的年轻父母乃至准父母，这部分人在网络上花费的时间更多，也更容易接受新事物，同时又不失对传统节日和春晚的关注。

在提出创意、找准定位和明确方向之后，亚洲制药携手酷6网络视频，针对小快克产品本身及其口碑和品牌三项内容，用了三种手段，整合多种形式达成营销过程，并实现了三个结果。

在产品推广上，采用“春晚”点播视频和资讯、娱乐频道相关视频前贴片+暂停+角标及娱乐频道、电视剧频道角标的形式，植入小快克最新广告和产品名称及商标，使其产品形象深入网友内心。

在口碑传播上，在“春晚”直播页面旁可边看边聊，产生互动，又在专题页面设置“小快克温暖送祝福”一栏，由网友留言，传送新年祝福。另外，还设有“小快克投票”，对网友进行过年专题调研，产生心灵共鸣，小快克品牌美誉度得到传播。

在品牌曝光度上，在“春晚”直播页面有播报和节目介绍，边看边聊板块加贴快克和小快克名称，进行品牌植入，“春晚”专题页面上拉置横幅广告，热点内容每日推荐 + 温暖过年专题冠名，结合“揭秘明星如何温暖过年”、“情暖意浓，众星给您拜大年”、“春暖花开，回家过年大团圆”和“咱老百姓，温暖过大年”四类内容，加入 44 个采访视频，植入小快克标版、播放框、角标广告，使品牌进一步提升。

整个营销过程结束后，小快克通过酷 6 视频实现了 3 亿次曝光，1 亿人聚焦，在 22 天时间内，小快克的平均点击率为 0.14%，显示和唯一显示次数分别达 3.67 亿次和 1.44 亿次。并在业内完成了三个第一：第一次让小快克与春晚产生关联，提升了它的品牌高度；第一次在药品行业推广的无声期投放药品广告，并取得独特影响力；药品行业第一次成功尝试与视频媒体针对大事件直播进行全方位、定制化合作。

后 记

出版一部医药行业平台营销书籍的想法由来已久。

尽管平台是新经济时代最重要的产业组织形式，但我国对平台经济的研究尚未真正起步，对平台营销特别是处方药零售终端平台销售理论与实务的研究还是空白，可资借鉴和参考的东西少之又少。所以，要实现上述梦想，并非易事。

经过近两年的搜集、整理和反复研究，我们终于形成了这部拙著。在编写过程中，我们深深感受到平台营销理论的博大精深；同时也强烈地感受到了平台营销之于处方药企业生存和发展的重要性和紧迫性。

由于业界对“平台营销”的定义至今尚未形成完全统一的意见，需要探索和解决的问题还有很多。譬如，什么是平台？如何打造平台？如何科学准确地定义平台营销？处方药零售终端平台营销的内涵与外延是什么？等等。这些都是我国处方药企业零售终端平台营销亟待解决的问题。本书抛砖引玉，意在引起同仁对这一课题的高度重视，希望有更多的人加入到这一课题的研究中来，把处方药零售终端平台销售理论与实务的研究引向深入。

本书在编著过程中，得到不少领导和朋友的大力支持。国家食品药品监督管理局原副局长张文周先生欣然为本书作序。本书选用或参考了王淑玲、李景成、王秋冬、翟文熙、石亚雄、王国顺、高定基、阵文怀、安晖、吕海霞、徐炳胜、张发强、星航、李先国、许华伟、陈建红、陈绍成、李允尧、刘海运、黄少坚、许立珍以及《科技日报》、《医药经济报》、《21世纪药店》报、《经济学动态》、米内网、中国营销传播网等作者和媒体的文章。因多次编辑，无法一一对应署名，敬请谅解。恳请相关作者与我们联系，以便再版时修正并及时奉上薄酬。联系邮箱：xiliu808@ sina. com。

“平台营销”理论刚刚形成，目前它还很雏嫩，需要在实践中不断总结和升华。加之时间和水平有限，书中疏漏之处在所难免，敬请批评指正。

王庆刚　刘先彬

2014 年 5 月